게임회사 **취업 가이드**

게임회사 **취업 가이드**

게임회사에 들어가기 위한 완벽 공략집

유영욱 글·그림

i!i
에이콘

| 지은이 소개 |

 유영욱 nyria99@naver.com

소규모 게임회사 두 곳을 거친 뒤, 넥슨의 카트라이더 개발팀에서 그래 픽 디자인을 담당했다. 자신이 그림을 잘 못 그린다는 현실을 인지한 후, 네이버로 전직을 해서 사업 담당자로서 제2의 게임회사 인생을 시 작했다. 현재는 NHN엔터테인먼트의 퍼블리싱게임 사업부장으로 재직 중이며, 과거에 네이버웹툰, 일간스포츠, 겜툰, 딴지일보 등에서 만화를 연재한 바 있다.

『게임회사 취업 가이드』는 제 이름으로 출간된 다섯 번째 책이고, 『그래도 우리는 게임을 만든다』, 『스마트폰게임 개발 이야기』에 이은 게임회사와 관련된 세 번째 책이기도 합니다.

국민 게임이라 불리는 〈카트라이더〉 개발자 중 한 명으로 게임업계에 정착하기 시작하면서 〈더소울〉, 〈벌레공주〉, 〈가디언스톤〉, 〈가디언헌터〉, 〈언데드슬레이어〉, 〈이너월드〉, 〈와라편의점〉, 〈드래곤프렌즈〉, 〈라인버즐〉, 〈마음의소리〉 등 많은 게임들의 서비스를 담당했습니다. 벌써 이 업계에 몸담은 햇수가 15년이 되어 가네요.

게임업계 1세대까지는 아니어도 2세대 정도는 되지 않을까 생각해 봅니다.

중국자본의 침투와 자국내 규제 등으로 힘든 시기를 보내고 있는 게임업계지만, 20여년 동안 게임업계는 항상 그래왔습니다. 위기가 아닌 때가 없었고, 힘들지 않은 때가 없었지요. 그럼에도 많은 분들의 노력과 희생으로 게임이라는 산업의 위상이 높아졌고 문화 컨텐츠 사업에서 차지하는 비중도 가장 크게 성장했습니다.

많은 학생들과 취업준비생들이 게임회사에 들어가고 싶어 하지만, 막상 어떤 것을 준비해야 하는지 제대로 알려주는 곳도 없고 조언을 들려주는 사람도 많지 않다는 사실을 알게 되었습니다. 그래서 이 책을 쓰게 되었습니다.

게임회사 취업을 목표로 하는 대학생들과 취업준비생들, 게임과 관련된 전공을 선택해 대학을 가고 싶어 하는 학생들, 그리고 게임업계로 전직을 하고 싶어 하는 비게임업계 직장인들 모두에게 이 책이 작은 도움이 될 수 있기를 희망합니다. 더불어 이 책을 쓰는 데 여러 가지 도움을 주신 많은 분께 진심으로 감사드립니다.

제가 사랑하는 게임업계와 관련된 일에 한 가지씩 제 이름을 남길 때마다 나중에 이 업계에 합류하게 될 후배들을 위해 아주 조금이나마 보탬이 되는 일을 하고 있는지 자문하게 됩니다. 진심으로, 그들에게 도움이 되었으면 합니다. 더불어 척박한 제 통장에도 도움이 되면 좋겠네요. :)

유영욱

게임회사 취업 이야기

게임회사와 게임시장 이야기

게임회사 전문가들의 이야기

게임산업은 한국의 문화산업에서 가장 큰 비중을 차지하고 있으며, 그 위상이 점점 높아지고 있습니다. 불과 십여 년 만에 크고 작은 게임회사들이 몇천 개가 생겨났고, 몇십만 명의 게임업계 종사자들이 필드에서 활약하고 있습니다. 더불어 게임 관련 학원 및 아카데미, 대학에서의 학과 신설도 급증하는 추세입니다.

정말 많은 수의 학생들과 취업준비생이 게임회사에 취업하고 싶어하지만, 막상 게임회사에 취업하기 위해서 어떤 준비를 해야 하는지 제대로 알려주는 곳도 없고 조언을 들려주는 사람도 많지 않다는 사실을 알게 되었습니다. 더불어 게임업계의 현황을 정확하게 파악할 수 있는 정보도 찾기 쉽지 않다는 사실도요.

우리나라에는 어떤 게임회사들이 있는지, 어떤 타이틀을 개발하고 있는지, 게임회사에는 어떤 직군이 있으며, 각 직군에 해당하는 역량을 갖추기 위해서는 무엇을 공부해야 하는지, 대학에서는 무엇을 전공해야 하는지, 자격증은 어떤 것을 보유하고 있어야 하는지, 포트폴리오는 어떻게 만들어야 하는지, 자기소개서는 어떻게 써야 하는지, 면접은 어떻게 임해야 하는지, 게임회사의 연봉은 어느 정도인지, 게임회사의 복지 현황은 어떤지 등에 관한 정보를 알기가 쉽지 않았습니다.

그래서 게임업계에서 일하기를 희망하는 모든 분들에게 도움이 될 만한 유용한 정보만을 모아서 알려줄 방법이 없을까 생각하다가, 드디어 한 권의 책으로 결실을 맺게 되었습니다.

게임회사 취업을 목표로 하고 있는 대학생들과 취업준비생, 게임과 관련된 전공을 선택해 대학을 가고 싶어하는 학생, 게임업계로 전직을 하고 싶어하는 비게임업계 직장인 모두에게 부디 이 책이 작은 도움이 될 수 있기를 희망합니다.

Chapter 1

게임회사
취업 이야기

01 게임개발자가 되려면 무엇을 준비해야 하나요?

───

　　　　　　　　게임개발자가 되려면 어떻게 해야 하느냐는 질문을 꽤 많이 받았습니다. 게임회사에 들어갈 준비를 하려면 정확히 무엇을 공부해야 하는지, 자격증은 어떤 걸 취득해야 하는지, 기획서는 어떻게 써야 하는지, 그래픽을 하려면 포토샵과 페인터 중 어떤 걸 더 잘 사용해야 하는지, 프로그래밍은 C++를 공부해야 하는지, 자바 언어를 공부해야 하는지, 어떻게 해야 포트폴리오를 만들 수 있는지 등 다들 굉장히 다양한 형태의 질문과 고민을 안고 있는 듯 합니다.

　　앞으로 이 부분에 대해 세부적으로 이야기할 것입니다. 그에 앞서 한 가지를 이야기하고 싶습니다. 게임회사에 취업하려고 하는 많은 분들과 이야기를 하면서 놀란 점은 대부분의 분들이 게임회사는 학력을 보지 않으며, 공부를 하지 않아도 들어갈 수 있다고 생각하는 분들이 많았다는 사실이었습니다.

물론 일반 대기업이나 공기업 등의 회사에 취업할 때보다는 덜 하겠지만, 게임회사 역시 하나의 기업이므로 학력을 봅니다. 비슷한 능력의 지원자가 있다면 아무래도 학벌이나 좀 더 좋은 스펙을 기준으로 뽑을 가능성이 높습니다. 스펙을 중시한다기보다는 그 스펙을 준비하기 위해 열심히 노력했다는 점을 더 중요하게 생각할 겁니다. 그래서 가능하다면 자신이 할 수 있는 최대한의 스펙을 준비해 놓으시라고 이야기하고 싶습니다.

02   대학교 전공은 게임회사 취업에 큰 영향을 미치나요?

게임회사에 취업할 때 전공이 중요한지 문의하는 분들이 많이 있습니다. 게임 분야 전공자라면 좀 더 유리할 수도 있겠지만, 결론부터 이야기하자면 꼭 그렇진 않습니다.

옆 페이지의 이미지처럼 '○○ 전공자 우대'와 같은 방법으로 명시를 할 수는 있겠으나, 회사에서 공식적으로 특정 분야의 전공자만을 뽑는다고 제한하는 일은 거의 없습니다.

그리고 '○○ 전공자 우대'라는 의미는 해당 전공자를 우선해서 뽑겠다는 것이 아니라, 이 분야에서 일을 하려면 이러한 전공 지식이 필요하니 참고하라는 회사의 친절한 메시지라고 보면 됩니다. 관련된 대학의 학과를 꼭 나오지 않더라도, 해당 분야의 지식만 갖추고 있다면 회사를 지원하는 데는 전혀 문제될 것이 없으며, 지원자가 그런 지식을 보유했는지는 필기시험, 면접 등을 통해 회사가 판단을 할 것이니, 대학에서 전공을 하지 않았다고 해서 크게 걱정할 필요는 없습니다.

직무	Business	지원분야	게임사업기획 – MMO및 모바일 게임

수행 업무

1. 상품/매출을 관리하고 꾸준한 개선을 통해 안정적인 사업 제반 환경을 구축한다.
2. 게임 서비스를 통한 Insight 기반으로, 고객 만족을 극대화 할 수 있는 사업 컨텐츠를 기획한다.
3. 게임 컨텐츠 분석 및 제안을 통해 게임 경쟁력을 강화한다.
4. 게임 시장의 트렌드 및 고객 반응 분석을 통해 성공적인 게임 런칭 환경을 설계한다.
5. 데이터에 기반한 신규 사업을 개발하고, 사업 전략을 수립한다.

필요 요건

필요 요건 (지식 및 스킬)		- 자사 게임의 상위 컨텐츠 플레이 경험 및 분석 능력 - 게임 산업 전반에 걸친 폭넓은 지식과 열정 - 숫자 친화력 및 사업 기획 능력 - 설득력 있는 문서 작성 능력
핵심직무역량	분석적 사고	다양한 장르의 게임 플레이와 각종 컨텐츠 경험을 바탕으로, 고객 반응과 동향을 분석하여 유의미한 결과를 도출한다.
	사업 설계	고객과 회사의 만족을 극대화 할 수 있는 사업 전략을 설계하고 기획한다.
	효과적인 의사소통	문제 해결 및 의사 결정 시, 조직 내/외 형성된 다양한 이해 관계를 통해 체계적이고 합리적으로 협상한다.
	문서 작성 능력	체계적 논리와 객관적 근거를 기반으로 유의미한 결과를 도출하여 설득력 있는 구조의 문서를 작성한다.

우대 사항

경영학, 회계학, 경제학, 산업공학, 통계학, 심리학 관련 전공자 우대

해외게임 분석 및 개발사 커뮤니케이션을 위한 영어 커뮤니케이션 가능자 우대

분석적 수리적 마인드의 소유자 (SAS, SPSS 등 통계 S/W 유경험자)

▲ 엔씨소프트 홈페이지 채용공고 (출처: https://recruit.ncsoft.net/korean/careers/adoption_intern.aspx)

하지만, 전공을 하지 않은 사람들보다는 취업에 좀 더 유리하겠죠. 직군별로 유리한 전공 과목을 간단히 살펴보겠습니다. 혹은 전공하지 않았더라도 해당 직군에 취업하는 데 유리한 과목들도 살펴보겠습니다.

사업 담당자

게임회사의 사업 담당자로 취직을 희망하시는 분들은 경영이나 경제학을 전공할 경우, 굉장히 큰 도움이 됩니다. 사업이란 돈을 직접적으로 다루고, 숫자로 시작해서 숫자로 끝나는 일입니다. 지표를 분석하고, 통계를 내고, 흐름을 예측하는 일을 하는 데 경영학과의 커리큘럼인 통계, 회계, 경영수학, 기업경영, 경영전략 등을 배워두면 큰 도움이 될 겁니다.

대학마다 차이는 있겠지만 마케팅이나 재무관리, 혹은 외국어까지도 커리큘럼에 들어있는 학교들이 많습니다. 이러한 전공 지식들을 습득한 뒤, 다양한 사업계획서를 작성해보는 경험은 회사에 지원할 때 여러모로 도움이 될 것입니다.

해외사업 담당자

해외사업 담당자를 희망하고 있다면 외국어 관련 전공을 택하거나, 일반적인 경영, 경제 관련 전공을 선택하면 됩니다.

경영과 사업에 대한 기반 지식을 먼저 익히고 외국어를 배우느냐, 외국어를 현지인처럼 능숙하게 구사하는 능력을 갖춘 후 사업과 경영을 배우느냐의 차이는 있겠지만, 이것은 효율의 문제이므로 자신이 선택하면 됩니다.

마케팅 담당자

마케팅 담당자를 희망하는 경우에는 일단 마케팅 관련 학과들이 포진해 있는 대학이 있으니, 해당 전공을 배우면 가장 확실하다고 생각합니다. 하지만, 마케팅 관련 학과가 없을 경우, 사업 담당자와 마찬가지로 경영, 경제 쪽을 전공하면 좋습니다.

많은 분이 마케팅 담당자는 광고 모델을 섭외하고 슬로건을 정하고 CF를 찍어서 내보내는 등 재미있어 보이는 일을 한다고들 생각하는데, 실제로 큰 회사에서 이런 일들은 마케팅 대행사에게 하청을 주어 처리하곤 합니다. 실제로 마케팅 담당자가 하는 중요한 일은 정해진 예산을 어디에 얼마나 집중적으로 투입해 어느 정도의 효율을 가져올 수 있을지 예측하고 분석하는 등 숫자와 관련된 일을 더 많이 합니다.

다음 예를 살펴보겠습니다.

"네이버 메인 화면에 10일간 우리 게임의 광고를 집행하면, 그로 인해 500만 명에게 노출되는 브랜드 효과를 거둘 수 있고 그 광고를 본 사람 중 2.5%가 평균적으로 실제 고객으로 전환이 될 것인가? 그 사람들이 우리 게임을 다운로드하면 우리 게임의 순위가 점유율 5위까지 올라갈 것이고, 순위가 올라가면 그걸 보고 우리 게임을 다운로드하는 사용자 수가 0.5% 정도 추가로 발생할 것이며, 그 고객들이 우리 게임에 들어와 평균적으로 월 12만 원을 사용하니, 12개월 후에 손익분기를 달성할 수 있을 것이다. 하지만, 우리 게임의 수명은 사실상 6개월 정도이니, 여기서 마케팅 비용을 5억 더 투입해서 손익분기 시점을 3개월 더 빨리 당기는 편이 가장 효율적일 것이다."

이러한 예측을 하고 플랜을 짜는 것이 마케팅 담당자의 역할입니다. 여기까지 계획을 세우고 나면 인기 연예인을 섭외해서 콘티를 짜고 광고를 찍는 일은 마케팅 대행사에게 하청을 줍니다.

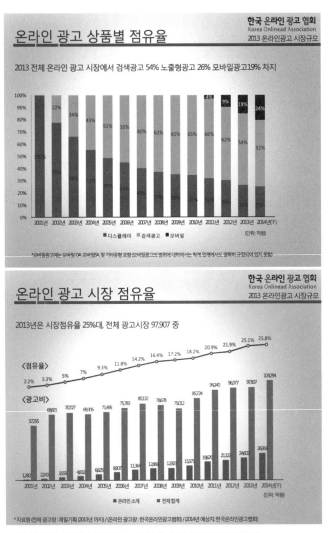

▲ 2013 온라인광고 시장 규모 조사 (출처: KOA 한국온라인광고협회)

마케팅 담당자 또한 데이터 분석과 통계, 시장 예측을 기반으로 일을 하게 되므로 경영, 경제쪽 전공도 괜찮다고 이야기하고 싶습니다. 또한, 마케팅은 사람들의 시선을 끌고 우리 상품을 사게 만드는 일이므로, 심리학과나 산업디자인, UX/UI 디자인 등의 전공을 익히는 것도 추천합니다.

왼쪽 페이지의 자료처럼, 마케팅도 결국은 데이터와 분석이 주가 되는 업무입니다. 어느 매체가 어느 정도의 효율을 가지고 있는지 실시간으로 계속 분석해나가며 마케팅비를 집행해야 하지요.

프로그래머

게임 프로그래머를 희망하는 분들의 경우, 당연히 컴퓨터 프로그램과 관련된 전공을 하는 것이 유리합니다. 컴퓨터공학부, 정보통신공학부, 소프트웨어공학부 등 대학마다 명칭이 다양하지만, 프로그래밍을 배우는 학과이면 됩니다.

프로그램은 독학으로도 어느 정도 배울 수 있는 학문이라 무조건 대학에서 전공을 해야 하는 것은 아니지만, 혼자서 책보면서 머리 싸매고 고생하는 것보다는, 4년 동안 프로그래밍의 기초에서부터 시작해 실제 코드를 짜는 실무에 대한 학습까지 다양한 경험을 질리도록 할 수 있으니, 효율면에서 훨씬 좋습니다(대학 동기들끼리 팀을 짜서 게임을 만들어볼 수도 있을 것이고요).

그리고 평소 게임 프로그래밍 학과를 가는 건 어떤지 질문을 많이 받은데, 직접적인 게임 코딩을 경험할 수 있으니 일반적인 컴퓨터공학

전공에 비해서는 조금 더 실무에 근접한 공부가 될 것이므로 나쁘지는 않습니다. 네, 당연히 좋습니다.

하지만, 일반적인 프로그래밍에 대한 기초가 탄탄하면, 게임 프로그래밍도 잘하게 되어 있습니다. 게임 프로그래밍이라고 해서 캐릭터가 움직이고, 아이템이 떨어지고, 퀘스트 클리어하는 것들만 생각하면 안 됩니다. 게임 프로그래밍의 밑바닥에는 확률부터 시작해 밸런스, UI, 보안, 네트워크, 최적화, 유료화, 로그, 툴 개발 등 비게임스러운 일반적인 프로그래밍 작업이 더 많이 필요하니까요. 자신이 게임회사에 들어가 어떤 파트를 담당하더라도 자신의 지식을 유연하게 적용할 수 있도

록 대학에서 일반적인 프로그래밍의 기초를 다지는 것이 좋다고 생각합니다.

만화가가 꿈인 분들이 무조건 펜을 잡고 만화책을 따라 베끼는 것보다 회화의 기본, 인체 데생, 빛, 구도, 원근에 대한 기본 지식이 완벽하게 갖춰진 상태에서 만화를 그리기 시작하면 몇 배나 빠르게 실력이 붙어나가는 것과 동일한 이치입니다.

슬램덩크에서 항상 채치수가 강백호에게 말하지 않았습니까?
"기본이 중요!!!!!"
지독하게 맞는 말입니다.

기획자

기획자는 무엇을 전공해야 하는지 아마 가장 궁금하실 텐데요, 사실 대답해드리기 가장 모호한 주제이기도 합니다.

제 주위의 기획자 분들을 보면 특정 학과에 집중된 경우가 거의 없습니다. 대학에서 역사를 전공하신 분도 있고, 철학을 전공하신 분도 있고, 무역을 전공하신 분, 문학을 전공하신 분, 프로그램을 전공하신 분, 영상미디어를 전공하신 분, 신문방송학을 전공하신 분, 심지어는 무용을 전공하신 분도 계셨습니다.

기획이라는 업무가 특정 분야에 국한된 것이 아니라 재미있는 게임 시스템을 생각할 수 있고 그것을 다른 사람들이 구현할 수 있도록 문서화하는 것이 주된 역할이므로 특정한 전공이 기획 업무에 강점을 지닌

다고 보기는 어렵습니다. 자신이 가진 경험과 아이디어를 게임의 시스템에 녹여 새로운 '재미'로 만들 수만 있다면 어떤 과목을 전공해도 관계없을 듯합니다.

오히려, 다른 사람이 경험하기 힘든 전공을 보유한 것이 장점이 될 수도 있습니다. 가령 아동학을 전공한 게임기획자가 뽀로로나 타요 같은 캐릭터를 이용해, 연령별 발달 과정에 따른 아이들의 놀이를 게임화시켜 만들어낼 수 있다면 그것이 예상 외의 큰 매출을 불러일으키는 블루오션이 될 수도 있습니다. 그 게임이 아이들의 정서 발달, 언어 발달, 사회성 발달, 인지 발달에 기여를 할 수 있는 기능성 게임으로 자리 잡을 수 있다면, 나아가 게임에 대한 사회적 인식을 긍정적으로 바꾸는 역할에도 기여할 수 있다면 의미가 크지 않을까요?

실제로 '손대면 인생 퇴갤하는' 악마의 게임이라 불리는 〈문명〉을 개발한 시드 마이어는 세계 역사 이야기를 굉장히 좋아했고, 대학에서

▲ 문명 게임 스크린샷 (출처: 문명5 공식 홈페이지 http://www.civilization5.com/)

역사학을 전공했다고 합니다. 시드 마이어가 인간의 역사에 대한 식견이 없었다면 방대한 역사를 다루고 있는 〈문명〉이란 게임은 절대로 나올 수가 없었겠죠.

이렇듯, 기획자를 지망한다면 전공에 너무 연연하지 말고, 다른 사람들과는 차별화되는 자신만의 경험을 게임에 녹일 수 있도록 노력을 기울이세요. 자신의 생각을 문서화하는 훈련은 전공과는 별도로 다양한 방법을 통해 학습할 수 있으니까요(가장 효과적인 방법인 '역기획서 쓰는 법'은 53페이지에서 자세하게 다루겠습니다).

결론을 이야기하자면, 원하는 분야에 지원하기 위해서 그것과 관련된 전공을 선택해 기반을 다지는 것은 매우 중요하고 의미있는 일입니다. 하지만, 실제로 회사에서는 의외로 지원자의 전공에 크게 연연해하지 않으니, 본인이 하고 싶은 일이 있다면 전공 때문에 망설이기보다는 전공과는 별개로 어떻게 하면 그 분야에 대한 지식을 습득할 수 있을지, 어떻게 포트폴리오를 갖출 수 있을지에 집중하기 바랍니다.

03 학력이 낮으면 게임회사에 들어갈 수 없나요?

1990년대 말에서 2000년대 초반, 국내 게임업계가 막 무르익기 시작한 시기만 하더라도, 게임회사에 입사할 때 학력은 그다지 중요하지 않았습니다. 하지만, 그 뒤로 게임산업이 급속도로 발전하고, 규모 면에서나 내실 면에서 타 산업에 비해 압도적으로 빠른 성장을 하기 시작하면서 소위 '대기업'이라는 타이틀을 달게 된 거대 게임기업들이 등장하게 되었습니다(웬만큼 자리를 잡은 중견기업들도 꽤 많이 생겨나게 되었죠).

자연스레 게임회사에 입사하려는 지원자들이 엄청나게 늘어났고, 이러한 상황에서 몇백 명, 몇천 명, 심할 때는 몇만 명이나 되는 입사지원자들을 하나하나 만나볼 수 없는 지경에 도달하게 된 것입니다. 그들을 필터링하는 과정에서 당연히 '학력'이라는 요소가 나타날 수밖에 없었죠(아마 큰 대기업에서는 4년제 대학졸업자가 아니면 입사 지원도 안 되도록 시스템상으로 막혀 있는 곳도 많을 겁니다).

하지만, 자신의 의지와는 관계없이 경제적인 사정이나 주변 환경 때문에 대학을 진학할 수 없거나 일반 기업들이 요구하는 '스펙'을 갖추기 어려웠던 분도 분명히 있을 것이라 생각합니다.

이런 경우, 게임회사에 들어가려면 작은 회사부터 큰 회사까지 차근차근 단계를 밟아 올라가는 방법밖에는 없습니다. 독학을 하든, 아카데미를 다니든, 게임 전문 대학원을 수료하든, 수단 방법을 가리지 말고 게임 개발에 조금이라도 이바지할 수 있는 능력을 만드셔야 합니다.

그리고 나서, 포트폴리오를 만드세요.

자신이 지원하려는 분야에 대해 자신의 능력을 확실하게 보여줄 수 있는 포트폴리오를 만드셔야 합니다.

프로그래머를 지망한다면 시장에 이미 출시된 게임을 똑같이 카피해서라도 스스로 한번 만들어서 가져가세요. 본인이 실무에서 바로 활용할 수 있는 코딩 능력이 있다는 것을 보여줄 수 있어야 합니다.

그래픽 디자이너를 지망한다면, 두말할 것도 없이 누가 봐도 납득할 만한 일러스트나 UI/UX 디자인, 혹은 모델링 데이터를 준비하세요.

기획자 지망이라면 현재 시장에 나와 있는 게임들의 역기획서를 2~3개 정도 써서 들고 가세요(역기획서에 대한 이야기는 53페이지를 참조하세요). 가능하면 본인이 지원하는 회사에서 개발 중인 게임과 동일한 장르의 역기획서를 써가는 것이 유리할 겁니다.

사운드 디자이너라면 당연히 BGM, 사운드 이펙트 등 게임에서 활용할 수 있을 만한 사운드를 제작해서 들고 가세요.

사업 담당자라면 게임을 분석하고, 지표를 추측하고, 시장 흐름을 예측하고, 유료화 설계를 할 수 있다는 능력을 보여줄 수 있는 사업계획서를 작성하세요.

마케팅 담당자라면 게임을 목표 타깃층에게 확실하게 어필할 수 있는 마케팅 기획안과 그 실행 방안, 투자 비용, 비용에 따른 효율 등을 정확하게 예측한 기획서를 작성하세요. 누구나 생각할 수 있는, 혹은 터무니없는 기획안이 아니라 한정된 예산으로 그 이상의 수익을 거둘 수 있는 현실적인 방안이 담겨 있어야 합니다.

홍보 담당자라면 특정한 게임 업계 관련 이슈에 대한 정보와 흐름을 말끔하게 정리한다던가, 논리 정연하고 말끔한 게임 리뷰를 작성해서 포트폴리오로 준비해서 들고 가세요.

이런 포트폴리오가 준비되면, 우선은 스펙을 크게 보지 않는 작은 업체부터 도전하길 권장해 드립니다.

게임회사와 관련된 여러 취업사이트가 있지만, 아직까지 국내에서는 게임잡(http://www.gamejob.co.kr)이 가장 추천할 만합니다. 개인적으로 판단하기에 가장 정리가 잘 되어 있는 사이트이고, 가장 많은 게임 관련 취업 정보가 올라오는 곳입니다.

대기업 게임회사의 경우 자사 홈페이지에서 채용공고를 하기 때문에 게임잡에 채용공고가 올라오는 일이 드물지만, 국내의 웬만한 중소 규모 게임사들의 채용공고는 대부분 찾아볼 수 있으니, 시간이 있을 때마다 한 번씩 둘러보기를 권장합니다.

본인이 지망하는 분야에서 신입사원을 채용한다는 글이 있으면 무조건 이력서를 써서 지원하세요. 아마도 처음 입사하는 과정이 제일 어렵고 힘들 것입니다. 만화가 강풀 작가님도 처음에는 만화 연재를 하고 싶어서 온갖 만화잡지 회사와 신문사를 찾아다니며 발로 뛰면서 명함을 돌리고 다녔다고 합니다. 저도 처음 만화를 연재할 때, 샘플 만화 10편 정도를 그려서 대한민국의 모든 신문사 및 포털사이트에 연락을 했습니다.

부끄러울 것도 없습니다. 이력서, 최대한 많이 써서 넣으세요. 넣을 수 있는 만큼 다 넣으시길 바랍니다. 100곳에 넣으면 한두 군데 정도는 연락이 올 것입니다. 급여나 복지를 처음부터 너무 고려하지 말고, 바닥에서부터 배운다는 생각으로 어떻게든 첫 입사를 하길 권장 드립니다. 그렇게 어느 한 곳에 입사하게 되었으면 절반은 성공한 겁니다.

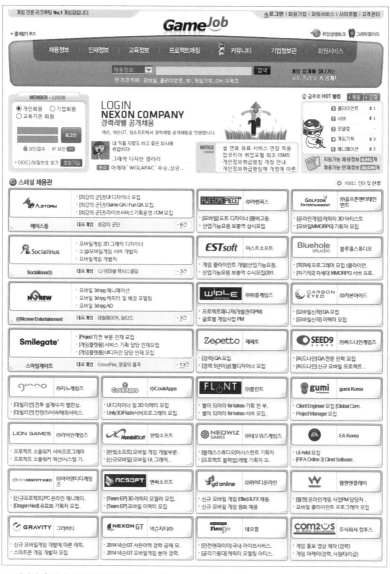

▲ 게임잡 홈페이지 메인 화면 (출처: http://www.gamejob.co.kr/)

경력이 쌓이기 시작하면 그 다음부터는 조금 수월해집니다. 처우가 조금 안 좋더라도 바닥부터 배운다는 생각으로 최소 2~3년은 꾹 참고 그 회사에 다니시길 바랍니다. 그리고 2~3년이 지나면 조금 더 나은 곳으로 이직을 해서 다시 2~3년 정도를 더 다니세요.

팁 너무 많이 회사를 옮기면 나중에 큰 회사 면접 시 불이익을 당할 수도 있으니 주의하세요. 자주 회사를 옮겨다니는 사람으로 비칠 수 있으니까요.

회사 생활하는 동안 하나라도 성공한 큰 게임 타이틀을 경험하게 되어 좋은 이력사항이 생긴다면 더할 나위 없이 좋을 것이고, 게임이 실패하더라도 크게 실패한 경험이라면, 그것도 소중한 플러스 요인이 됩니다. 회사 입장에서는 대형 게임의 실패를 경험해 본 지원자가 있다면, 그 게임 실패에 대한 경험이 분명히 탐날 것입니다. 아무도 모르는 무난한 게임 10개를 런칭한 것보다 더 값진 경험일 수 있으니까요.

힘들겠지만, 그렇게 4~6년 정도 직장 생활을 하고 나면 경력직으로 큰 기업에 입사지원을 할 수 있는 기회가 열릴 것입니다. 업계에서 4년 정도 있으면 인맥도 꽤 많이 생겼을 테니, 인맥을 통해 추천을 받아 더 좋은 회사로 갈 수도 있습니다.

이런 과정들을 거쳐 4~6년 후 큰 게임회사에 입사하면, 어느 정도 1차적인 목표를 이루었다고 볼 수도 있겠지만, 사실 끝은 아닙니다. 거기에서도 차별이 존재할 수 있습니다. 제 경우에도 4년 이상 게임업계에서 일을 했음에도, 대학교를 갓 졸업하고 신입으로 들어온 직원들과 똑같은 대우를 받거나 그들보다 못한 대우를 받을 수도 있습니다. 심할 경우 그들보다 사원 레벨이 낮은 단계로 이직을 할 수도 있으며, 2년 정도 더 일을 해야 간신히 그들의 출발점에 도달할 수도 있습니다. 억울하겠지만, 이게 현실입니다. 그들이 경험한 대학 생활이나 대학원 생활을 회사의 경력으로 대체한다고 생각하면 이해하기 쉬울 것입니다.

하지만, 제가 말씀드리는 것은 가장 일반적인 케이스입니다.

학력과 무관하게 대기업 게임회사에 들어가기 위한 이론적인 방법 중 하나로 이렇게 말씀은 드리지만, 대기업 게임회사로 들어가지 못한다고 성공이 멀어지는 것은 절대 아니라는 점을 알아두셨으면 합니다!

실제 대다수의 대박 게임들은 중소규모의 업체에서 더 많이 터집니다. 〈블레이드〉, 〈애니팡〉, 〈포코팡〉, 〈드래곤플라이트〉, 〈쿠키런〉, 〈윈드러너〉, 〈에브리타운〉, 〈헬로히어로〉, 〈수호지〉, 〈아이러브커피〉 등의 게임은 모두 신생 스타트업 개발사에서 만들어진 작품입니다.

자신이 몸담은 중소규모 회사에서 대박 게임이 나오고, 그 게임의 개발에 참여한 일원으로 활약한다면 바로 다음날 큰 기업에서 모셔가려고 스카우트 제의가 들어올지도 모릅니다. 처음 들어갔던 작은 회사가 중견기업이 될 수도 있고, 회사가 커지고 돈도 많이 벌게 되면 본인 스스로 이직 생각이 사라질 수도 있습니다. 혹은 더 큰 기업이 그 회사를 통째로 인수해버릴 수도 있는 것이죠.

기회는 생각지도 못한 상황에서 반드시 찾아오게 되어 있습니다. 그 기회가 왔을 때 놓치지 않고 잡을 수 있도록 주어진 상황에서 최선을 다해 노력하는 것이 가장 중요합니다. 뻔한 이야기이지만, 누구나 쉽게 하지는 못하는 일이죠.

04 게임회사에는 기획자, 프로그래머, 디자이너가 아니면 들어갈 수 없나요?

게임회사에 입사하려는 대다수 분들은 기획자, 프로그래머, 그래픽 디자이너, 이 세 직군만 떠올리곤 합니다.

네. 사실 맞는 이야기입니다. 기획, 프로그램, 그래픽, 이 세 직군은 게임을 개발하는 데 가장 중요한 핵심 직군이며, 규모가 작은 게임회사의 경우, 이처럼 게임 개발에 직접적으로 필요한 직군들을 제외하고는 채용하지 않는 경우가 많습니다. 장담하건대, 아마 대한민국 게임회사의 80% 이상은 이 세 직군만으로 이루어져 있을 겁니다.

하지만, 직접 게임 서비스를 진행하고, 퍼블리싱 사업까지도 진행하는 어느 정도 규모를 갖춘 큰 회사일 경우, 개발 직군뿐만 아니라 개발 이외의 직군들도 상당히 많이 존재합니다. 게임회사도 엄연히 '회사'이므로 다른 부서들이 존재하기 마련입니다. 게임을 만들었다고 끝이 아니라, 그것을 사람들에게 알리고 서비스하고 운영을 해나가는 사람들도 반드시 필요합니다! 소위 대기업으로 분류되는 큰 게임업체들의 경우, 개발팀 인원보다 비개발팀 인원의 수가 더 많은 경우도 있으니, 기획, 프로그래머, 그래픽 디자이너가 아니면 게임회사에 들어갈 수 없다고 생각하진 않으셔도 좋습니다. 자신의 능력을 발휘할 수 있는 직군을 찾으면, 직접 게임을 개발하는 일이 아니더라도 게임이 만들어지고 서비스되는 데 직간접적으로 참여할 수 있습니다.

자, 그럼 게임회사에 어떤 일을 하는 직군이 존재하는지 알아보겠습니다.

개발 직군

기획자, 프로그래머, 그래픽 디자이너. 이 세 직군을 통틀어 개발 직군이라고 합니다. 당연한 소리지만, 실제로 게임을 제작하는 일을 도맡아 하는 핵심 직군이며 누가 뭐래도 게임회사에서 가장 중요한 사람들이기도 합니다(게임 만드는 일 외에는 다른 일은 할 게 없는 직군이니까요). 기획자, 프로그래머, 그래픽 디자이너 각 분야를 세부적으로 파고 들어가면 수없이 많은 직무와 명칭으로 나뉘긴 합니다만, 자세한 이야기는 나중에 하기로 하고, 우선은 "게임회사의 핵심적인 존재인 개발 직군이 있다더라." 정도로만 짚고 넘어가겠습니다.

여담이지만, 많은 분이 '디자이너^{Designer}'를 '그림 그리는 사람'으로 오해하곤 합니다. 디자이너는 '기획자'를 의미합니다. 그림을 그리는 사람들이 아닙니다. 실제 그림을 그리는 디자이너들은 '그래픽 디자이너'라고 명확하게 구분을 해주어야 합니다. 기획자를 '디자이너'라고 부르고 프로그래머를 '개발자'라고 부르는 회사들이 일반적이니 혼동하지 말라는 차원에서 알려드립니다.

사운드/영상 제작 직군

게임에는 당연히 사운드가 들어갑니다. 사운드를 기획자나 프로그래머나 그래픽 디자이너가 만들지 않습니다. 당연히 사운드를 제작하는 사람들이 필요합니다. 스테이지마다, 혹은 주요 화면마다 각각 다른 배경음악을 만들어주어야 하는 것은 기본이며, 캐릭터가 뛰어가는 소리, 필살기 쓰는 소리, 공격하는 소리, 방어하는 소리, 점프하는 소리, 얻어맞는 소리, 넘어지는 소리, 죽는 소리, 부활하는 소리 등 온갖 효과음을 만들다보면 게임 하나에 제작해야 하는 사운드가 적게는 몇백 개, 많게는 몇만 개까지도 필요합니다.

또한, 영상팀도 필요합니다. 인터넷 웹사이트나 광고에서 보는 다양한 게임 영상이 어디에서 만들어지는 것일까요? 혹은 게임을 처음 시작했을 때 등장하는 멋진 시나리오 영상이나 인트로 애니메이션, 게임 중간중간 등장하는 컷씬 애니메이션들은 어떻게 만들어지는 것일까요? 당연히 게임과 관련된 영상을 만드는 팀에서 제작합니다.

다만, 규모가 작은 업체에서는 사운드나 영상 제작은 외주로 해결하는 경우가 많아서 어느 정도의 규모가 있는 회사에서만 해당 팀을 찾아볼 수 있습니다.

웹 개발 직군

게임을 만들면 게임을 홍보하기 위한 홈페이지를 만듭니다. 당연히 웹 페이지를 기획하고 개발하는 팀도 필요합니다. 웹 개발은 게임처럼 기획, 그래픽 디자인, 프로그램이 모두 필요한 일입니다. 간혹 "모바일 게임회사에서 무슨 웹 페이지 개발씩이나 필요하냐"라고 반문하는 분들도 있겠지만, 사전등록 모집을 진행하고, 커뮤니티를 운영하고, 인터넷에서 홍보활동을 하기 위해서는 모바일 게임도 모바일용 웹 페이지 제작이 필요합니다.

다만, 최근에는 네이버 블로그, 페이스북 등을 이용해 기업용 SNS를 만들어 사용하는 경우가 많으므로 그 비중이 조금씩 줄고 있기는 합니다.

QA 직군

게임이 개발되면 게임을 출시하기 전, 혹은 업데이트하기 전에 개발된 게임을 테스트하는 QA 인력이 필요합니다. 새로 만들어진 게임에 버그는 없는지, 밸런스는 제대로 되었는지, 크래시가 발생하지는 않는지, 사용자 동선에 문제는 없는지, 개발된 게임을 수단과 방법을 가리지 않고 온갖 방식으로 테스트를 하면서 문제점을 잡아내는 품질 관리Quality Assurance 조직입니다.

단순히 게임을 플레이하면서 버그가 발생하는지만 찾아내면 되는 거 아니냐고 판단하기 쉽지만, 생각만큼 쉬운 일은 아닙니다.

예를 들어, 한 개의 퀘스트를 테스트한다고 가정해볼까요? 그 퀘스트를 A라는 캐릭터로도 해보고, B라는 캐릭터로도 해보고, 테스트 중 강제로 접속을 끊어보기도 해보고, 퀘스트 완료한 채 보상을 받지 않고 돌아다니기도 해보고, 퀘스트를 건너뛰었다가 다시 돌아오기도 해 봐야 합니다. 그 게임이 만약 PC 게임이 아니라 스마트폰 게임이라면 시장에서 판매되는 모든 핸드폰을 구매해 모든 OS를 깔아서 테스트해보고, 이런저런 다른 앱을 가득 실행해둔 채 플레이도 해보고, 게임 중 전화도 받아보고, 문자도 받아보고, 카톡도 보내보고, 3G에서 와이파이 Wifi 전환도 해보고, LTE를 갑자기 끊어보기도 해 봐야지요. 사용자들에게 발생할 수 있는 모든 상황에서 문제가 없도록 수십 수백 번의 다양한 방법으로 검증해야 합니다. 굉장히 힘들면서도 섬세함이 요구되는, 필요에 따라서는 기술적인 지식까지도 요구되는 일입니다.

사업 직군

쉽게 설명하자면 게임에서 돈과 관련된 모든 일을 하는 사람들입니다. 사용자들이 어떻게 돈을 쓰게 만들 것인지, 어떤 아이템들을 판매할 것인지, 가격은 어느 정도가 적당한지, 어느 시점에서 결제를 유도해야 하는지, 어떻게 사용자들의 거부감을 줄일 것인지 등 게임의 유료화와 관련된 업무를 담당합니다.

또한, 자신이 담당하는 게임의 예상 매출은 얼마인지, 손익분기 시점은 언제인지, 그것을 위해 어느 정도의 마케팅 비용을 투입할 것인지 등 효율적인 비용 투입으로 최대의 매출을 발생시킬 수 있는 접점이 어디인지를 찾아내는, 골치 아픈 숫자 계산을 하는 일이기도 합니다.

돈과 관련된 일을 하는 사람들인 만큼 중요도가 꽤 높으며, 수요도 많습니다. 퍼블리싱 비중이 높은 게임회사의 경우, 사업 담당자들이 PM^{Project Manager}을 담당하기도 하는 경우도 많습니다.

마케팅 직군

"게임을 오픈하고 사람들이 안 들어오면 마케팅 책임이고, 들어온 사람들이 빠져나가 버리면 게임 책임이다."라는 말이 있습니다. 마케팅은 게임을 널리 알리고, 직접적으로 사용자들을 게임에 불러들여오는 역할을 하는 일입니다. 사람들을 휘어잡을 수 있는 마케팅 커뮤니케이션 컨셉과 슬로건을 정하고, 바이럴 마케팅, 티저 마케팅을 시작으로, 인터넷광고, TV광고, 라디오광고, 매체광고, 지하철광고, 게임 간 프로모션 등 수단과 방법을 가리지 않고 많은 사람을 게임으로 끌어들이는 역할을 하는 중요한 집단입니다.

물론 한정된 예산을 가지고 일을 진행해야 하니만큼 어떤 광고매체에 어느 정도의 예산을 투입하는 게 가장 효율적인지, 경쟁업체들은 어떤 활동을 하고 있는지, 가장 광고의 효율이 높은 시점은 언제인지 시장조사도 게을리해서는 안 되는, 매우 중요하고도 어려운 일입니다.

홍보 직군

게임을 사람들에게 알린다는 면에서는 마케팅과 혼동할 수도 있겠으나, 조금 더 구체적으로 범위를 좁히자면 여러 매체에 기사를 제공하고 최대한 많은 기사를 효과적인 타이밍에 배포하는 것이 홍보 담당자들의 중요 역할입니다.

전국의 수많은 기자들과의 커뮤니케이션도 담당하며, 게임쇼, 게임컨 퍼런스, 기자간담회 등 많은 대외행사도 처리해냅니다.

사람들이 오랜 시간 동안 기억에 남도록, 그리고 게임에 대해 호기 심과 관심을 가질 수 있도록 맛깔나게 원고 기사를 써야 하므로 노련한 문장 구사력이 반드시 필요하며, 특히 기자들과 직접 만나서 상대해야 하므로 때로는 엄청난 주량도 갖춰야 하는 직군입니다.

운영/CS 직군

라이브 게임의 운영을 담당하는 것은, 흔히들 많은 분이 '영자'라고 부 르는 GM^{Game Master}의 역할입니다. GM은 게임 중 발생하는 유저들의 문 제를 바로 해결해주고, 문제가 생기면 개발팀에 연락해서 수정하게 하 고, 어뷰징이나 해킹과 같은, 게임의 밸런스를 무너뜨리고 경제를 해치 는 불법적인 플레이를 하는 유저를 찾아내 처벌하는 중요한 역할을 수 행합니다.

조금 더 나아가면 유저들의 취향을 파악해 게임 내 이벤트를 기획 하고, 유저들이 게임 안에서 커뮤니티를 형성해 놓을 수 있도록 지속적 인 아이템을 제공해주며, 유저들과 직접 대화를 나눠 게임의 개선 방향 을 찾기도 하는, 유저들과 가장 접점에 있는 중요한 직군입니다. 유저 들이 회사에 전화를 걸어 항의를 할 때 친절하게 상담해주는 것도 모두 이 분들의 몫이랍니다.

소싱/라이선싱 직군

좋은 게임을 찾으면 이미 절반은 성공한 것입니다. 소싱 혹은 라이선싱 업무는 게임 퍼블리싱을 전문으로 하는 회사에서 매우 중요한 직군입니다. 소싱/라이선싱 담당자들은 수많은 게임 개발회사에서 만든 많고 많은 게임 중 옥석만을 골라내 계약하는 일을 합니다. 업계의 돌아가는 상황이나 시장의 트렌드를 읽고 있어야 하며, 게임업계의 모든 회사와 사람들을 꿰고 있을 만큼 인맥이 넓어야 되고, 정보에도 가장 발 빠르게 움직여야 하기에, 사실 신입이 감당하기에는 쉽지 않은 역할입니다.

참고로, 좋은 게임을 찾아낸 뒤 다른 퍼블리셔와 경쟁이 붙었을 경우, 비슷한 조건으로 상대편보다 빠르게 우리 회사의 계약서에 도장을 찍게 만들 수 있는 고도의 설득력을 갖추고 심리전에도 능해야 합니다.

계약 관련 직군

계약을 따오는 소싱/라이선싱 직군과 살짝 겹칠 수도 있겠지만, 게임을 찾아 계약하는 일 말고도 게임회사들은 정말 계약 업무가 많습니다(꼭 게임회사만 그런 것은 아니겠지만요). 게임 퍼블리싱 계약에서부터, 외주 개발 계약, 마케팅 광고매체 계약, 홍보매체 계약, 컴퓨터 프로그램 계약, 폰트 사용 계약, 서버 구매 계약, 하다못해 회사 건물 계약에 식자재 계약까지, 회사의 이름으로 체결되는 모든 계약을 검토하고 계약서를 작성하는 일을 하는 직군이 필요합니다.

해외 서비스 직군

바야흐로 글로벌 시대입니다. 전 세계가 경쟁 상대이고 진출해야 할 시장입니다. 만든 게임을 한국에서만 서비스할 수는 없습니다. 해외 서비스에 필요한 인력들을 회사에서는 항상 찾고 있습니다.

해외 서비스 직군은 외국어 구사 능력이 가장 필수적인 직군입니다. "어느 정도 한다."는 수준이 아니라 현지인들과 비즈니스용 대화를 자유자재로 구사할 줄 알아야 합니다. 외국어 능력은 기본이고, 그 위에 사업, 마케팅, 홍보, 운영 등 위에서 언급한 전문 능력이 하나씩 추가되면 해당 국가의 해외 담당자가 되어 일을 할 수 있습니다. 영어 인력과 일본어 인력에 대한 수요는 언제나 많은 편이고, 최근에는 신흥시장인 중국어에 대한 수요가 가장 커졌습니다. 아마 중국어만 능수능란하게 구사할 줄 알아도 향후 몇십 년간 게임업계에서 취업 걱정할 일은 없을 것입니다.

Fun QA 직군

회사에 따라 명칭이 다르기도 하고, 수행하는 일의 범위가 조금씩 다르기도 합니다. 하지만, 통틀어 Fun QA라 함은 게임이 출시되기 전에 그 게임의 재미^{Fun}에 대해 품질보증^{Quality Assurance}을 하는 일을 의미합니다.

즉, 우리 회사의 게임을 테스트한 후 게임이 재미있는지 확인하고, 재미가 없다면 왜 재미가 없는지, 어디를 어떻게 고쳐야 재미있어지는지 정확하게 보고하는 일입니다.

자칫 쉬워 보일 수 있겠지만, Fun QA야말로 게임을 정말 많이 알고 있어야 하는 직업입니다. 전 세계의 유명한 게임 타이틀을 모두 해보는 것은 기본이고, 성공한 게임이 있다면 그 게임이 잘 된 이유가 무엇인지, 그 게임이 왜 재미있는지 이유를 확실하게 뽑아낼 수 있어야 합니다. 그리고 그 게임의 재미 요소를 어떻게 변형해서 우리 회사의 게임에 대입을 할 수 있을지 의견을 말할 수 있어야 합니다. 게임에서 가장 중요한 '재미'를 보장해야 하는 일이니만큼, 본인의 의견대로 진행을 했는데 재미가 없다면 그 책임까지도 가져가야 하는 역할입니다.

앞에서 언급한 직군들은 게임 개발과 직간접적으로 관계가 있는 직군들만을 정리한 것입니다.

개발과 관련이 없지만, 직원들의 업무지원과 복지를 담당하는 총무팀, 인사제도와 채용을 담당하는 인사팀, 회사와 관련된 법적인 이슈를

해결하는 법무팀, 회사의 자산을 관리하는 경영관리팀, 재무팀, 회계팀, 투자팀, 경영진을 보좌하는 비서 조직까지 일반적인 회사에서 갖추고 있는 기본적인 직군들도 당연히 존재합니다.

다양한 일을 하는 많은 사람들이 게임회사에서 일을 하고 있으니 (엔씨소프트에서는 자사에서 운영하는 문화재단 관련 업무를 하는 인력까지도 채용하곤 합니다) 본인이 개발과 관련된 일을 하지 못한다고 좌절하지 말고, 용기 있게 본인이 할 수 있는 업무를 찾아서 게임회사의 문을 두드려 보길 바랍니다.

두드려야 열립니다.

05 기획자가 되려면 무엇을 공부해야 하나요?

　　안타깝지만, 제가 이때까지 본, 게임기획자를 꿈꾸는 대다수는 게임 개발은 하고 싶지만 그래픽과 프로그램을 할 줄 모르니 기획자가 되겠다는 생각을 가진 분들이 대부분이었습니다. 그리고 어려서부터 게임을 좋아했고, 많이 해왔으니 당연히 나는 남들보다 뛰어난 기획자가 될 수 있을 것이라는 근거 없는 자신감이 충만한 분도 많았습니다.

　　막상 이런 분들께 기획한 내용을 보여달라고 요청하면, 자신이 가장 많이 하던 게임의 룰을 조금 바꿔서 가져온다거나, 시장에서 잘나가는 두 개의 게임을 엉성하게 짜집기를 해서 가져온다거나, 판타지 세계관의 게임을 메카닉 컨셉으로 바꾼 뒤, 퀘스트 스토리를 바꿔 쓸 생각만 하고 있다거나, 고전 게임 중 재미있던 것 중 하나 골라서 온라인 게임으로 바꾸겠다는 정도의 기획이 대부분이었습니다.

▲ 게임기획자가 되고 싶은 이유

물론 시장에서는 전혀 찾아볼 수 없는 완전히 새로운 기획안을 만들어오는 경우도 분명히 있습니다. 하지만, 이런 기획안의 대부분은 정말 독창적이어서 그 누구도 여태 생각하지 못했던 아이디어인 것이 아니라, 재미도 없고 돈도 안 되기 때문에 아무도 시도하지 않.았.던. 아이디어들이 대부분입니다.

물론 모든 분이 그렇다는 것은 아닙니다! 예술은 의술이나 과학과는 달리, 타고난 재능이 결과를 좌지우지하는 경우가 많은 분야입니다. 공부를 전혀 하지 않더라도, 번뜩이는 아이디어로 정말 엄청난 기획을 가져오는 경우도 분명 있을 것입니다.

제가 말씀드리려는 것은 통계적으로 봤을 때, 아무런 공부도 하지 않은 채, 막연히 자신이 무언가를 할 수 있다는 근거 없는 자신감이 충만해 있는 기획자 지망생이 적지 않다는 슬픈 현실을 말씀드리고 싶었을 뿐입니다.

사실 기획이란 것은 누구나 할 수 있는 일입니다. 따라서 많은 분들이 이런 생각을 하는 것도 무리는 아닙니다. 어쩌면 당연한 결과겠지요. 하지만, 기획은 누구나 잘 할 수는 없는 일입니다.

그래픽 디자이너와 프로그래머들이 불필요한 일을 하지 않도록, 꼭 필요한 일만 하도록 제대로 가이드를 해주어야 하는 가장 중요한 역할입니다. 따라서 공부도 가장 많이 해야 하고, 게임의 결과에 대한 책임도 모두 가져가야 하는 어깨가 무거운 역할입니다.

만약 기획자가 잘못된 판단을 해서 디자이너와 프로그래머가 잘못된 작업을 하게 된다면 일정이 그만큼 연기되는 것이고, 일정 지연은 곧바로 비용의 손실로 이어지게 됩니다. 30명이 게임을 만드는데, 잘못된 기획자의 결정으로 일정이 하루 연장된다면, 그 손실 비용은 단 하루 일정 지연으로 인해 손쉽게 천만 원에 육박하게 됩니다(30명의 하루 인건비, 건물임대료, 전기료, 소프트웨어 사용료, 식대, 복지비 등을 계산하면, 회사 입장에서는 직원들의 월급여 비용의 2~3배가 빠져나가게 됩니다).

왜 기획이 중요하고 어려운 일인지 슬슬 감이 오시나요?
한 가지 더 이야기해보겠습니다.

"기획자는 그래픽과 프로그램을 모두 알고 있어야 한다."라는 말을 많이 들어보았을 겁니다. 심정적으로는 이 말에 대해 어느 정도 이해는 하고 있겠으나, 도대체 얼마나 디테일하게 그래픽과 프로그래밍을 알고 있어야 하는지 막연하고, 손에 잡히는 것이 없었을 것입니다.

단적인 예를 하나 들어서 설명하자면, 기획자가 던전에서 몬스터 50마리와 싸우는 내용의 기획을 했고, 그래픽 디자이너와 프로그래머가 이것을 구현했습니다. 그런데 막상 컴퓨터에서 플레이를 해보니 렉이 너무 심해서 도저히 진행이 되지 않습니다. 게임의 사양spec이 높아서, 컴퓨터가 따라가지 못하는 경우가 발생한 것이지요.

이 문제를 해결하는 방법은 여러 가지가 있습니다. 몬스터의 수를 조절할 수도 있고, 캐릭터나 몬스터의 폴리곤을 줄일 수도 있고, 맵 사이즈를 줄일 수도 있고, 이펙트를 줄일 수도 있고, 게임 외적인 다른 리소스들을 쳐내면서 최적화를 할 수도 있습니다. 기획자는 이런 방법들을 모두 알고 있어야 하고, 이 중 하나의 해결책을 써서 수정했을 때 그 결과가 게임에 어떤 영향을 미치는지를 정확히 파악하고 있어야 합니다. 그래야 자신의 게임에 가장 적합한 수정 방식을 선택할 수 있고, 그 방법대로 수정하도록 프로그래머나 그래픽 디자이너에게 가이드를 줄 수 있는 것이죠.

만약 기획자가 잘못된 결정을 하게 된다면 어떻게 될까요? 앞에서 이야기한 것처럼 다시 수정을 해야 하니 일정이 지연되고, 그 만큼 비용 손실이 발생하는 것입니다.

즉 기획자는 직접 코딩을 하고 그림은 그리지 않아도 되지만, 그들이 어떤 일을 어떻게 하는지에 대해서는 굉장히 구체적으로 알고 있어야 합니다. 따라서 프로그래머나 그래픽 디자이너가 경력이 쌓이면, 기

획자나 게임 프로듀서가 되는 경우가 상당히 많이 있습니다.

　서론이 조금 길었습니다. 제가 이야기하고 싶은 건 "기획자가 이렇게 어려운 직업이니 꿈도 꾸지 말라."라는 비관적인 이야기가 아닙니다. 아마 게임기획자를 꿈꾸시는 분들은 막연하게라도 기획자가 공부를 많이 해야 하는 어려운 직업이라는 것은 알고 계실 테니까요.

　기획자가 꿈인 분들이 가장 답답해 하시는 것은 "공부를 할 각오는 되어 있는데... 도대체 뭘 공부해야 할지 모르겠다."는 것입니다!!

　무엇을 해야 할지 어느 정도 손에 잡히는 그래픽 디자인과 프로그램에 비해 기획은 굉장히 막연합니다. 무작정 학교 공부만 열심히 하면 되는 것인지, 책을 많이 읽으면 되는 것인지, 게임을 많이 하면 되는 것인지, 자격증을 따야 할지 확실하게 와 닿는 게 없을 겁니다. 그래서 이 이야기를 드리기 위해 이렇게 서두를 길게 이야기했습니다.

기획자를 지망하시는 분들은 역기획서를 한번 써보시기 바랍니다. 가장 빠르게 기획을 공부할 수 있는 방법입니다.

역기획서는 현재 출시된 게임을 분석하면서 역으로 기획서를 써내려가는 방법을 의미합니다. 프로그래머나 그래픽 디자이너가 그 기획서를 보고, 현재 출시된 똑같은 게임을 개발할 수 있도록 문서를 작성하는 것입니다. 워드프로세서로 해도 좋고, 파워포인트로 해도 좋고, 엑셀로 해도 좋고, 그림판으로 해도 좋습니다. 기획서에 정해진 양식 따위는 없습니다. 본인이 아닌 다른 사람이 보고 그 내용을 100% 이해할 수만 있으면 됩니다.

다만 처음부터 너무 의욕이 넘쳐서 "〈디아블로3〉의 역기획서를 쓰겠다."와 같은 무모한 도전을 하는 일은 자제하기를 권장합니다. 웬만한 RPG 게임의 기획서는 기획자들 수십 명이 몇 개월, 혹은 몇 년간 투입되어서 작업해야 겨우 모양새가 갖춰지는 엄청난 작업입니다. 처음에 역기획서를 쓰기 시작한다면, 논문처럼 범위를 아주 좁혀서 시작해보세요.

"나는 〈카트라이더〉의 스피드 팀전의 룰셋에 대해서 역기획서를 써보겠다."

"나는 〈테트리스〉의 아이템 개인전 모드에 대해서 역기획서를 써보겠다."

"나는 〈스타크래프트〉의 튜토리얼 모드에 대해서 역기획서를 써보겠다."

"나는 〈밀리언아서〉의 탐색 방식과 이벤트에 대해서 역기획서를 써보겠다."

"나는 〈퍼즐앤드래곤〉의 강화/합성 플로우에 대해서 역기획서를 써보겠다."

이렇게 범위를 좁혀서 기획서를 쓰기 시작해도, 아마 막상 하다 보면 생각해야 될 것들이 굉장히 많고 문서로만 수십 장이 나오게 될 것입니다(만약 그렇게 나오지 않는다면, 분명히 뭔가 빠뜨렸을 겁니다).

〈카트라이더〉 아이템 팀전을 한번 예로 들어볼까요?

2명~8명까지 팀을 이루어 승부를 할 수 있는 이 모드를 기획할 때, 지금 제가 생각나는 사항들만 간단하게 나열해보아도 다음과 같이 많은 것이 고려되어야 합니다.

- 게임의 승패 조건은 어떻게 세팅할 것인지(무조건 팀원 중 한 명만 1위로 들어오면 끝나게 할 것시, 전체 유저의 평균값을 기준으로 결정할 것인지)
- 1:1로 플레이했을 때, 2:2로 플레이했을 때, 3:3으로 플레이했을 때, 4:4 플레이했을 때, 각각 어떻게 다른 점수체계와 룰셋을 가져갈 것인지
- 자동 매칭의 조건은 어떻게 세팅할 것인지(레벨? 활동량, 승률? 아이템 구매량?)
- 1:1에서 4:4까지 팀원의 수에 따른 보상과 경험치는 어떻게 세팅

할 것인지, 플레이하는 사람의 레벨에 따라, 경험치와 보상은 어떻게 차등을 두어야 하는 것인지.

- 플레이하다가 인터넷 문제로 한 명이 접속이 끊어지면, 접속이 끊어진 사람은 어떤 페널티를 당하게 될 것인지
- 이럴 경우 남은 사람들의 보상은 어떻게 변화를 줄 것인지
- 1:1의 경우에 한 명이 튕기면 곧바로 게임을 종료시켜야 할지
- 아이템은 어떤 것들이, 몇 개나, 얼마나 자주 등장하게 할 것인지
- 아이템 리젠 시간은 어느 정도로 세팅할 것인지
- 등수 혹은 플레이어 레벨에 따라 아이템박스에서 나오는 아이템 확률을 어떻게 조정할 것인지
- 게임을 한 번 플레이할 때 적정 플레이 타임은 어느 정도인지
- 이를 위해서 트랙을 어떻게 구성해야 하는지
- 지름길은 어느 곳에 배치해야 하며 지름길로 갔을 때의 시간 단축은 어느 정도로 세팅할 것인지
- 지름길 진입에 실패했을 때의 리스크는 어느 정도인지
- 단순히 트랙을 달리게만 할 것인지, 접전이 일어나는 구간을 세팅할 것인지, 세팅한다면 몇 개의 구간을 어디에다가 세팅할 것인지
- 부스트 구간, 속도저하 구간, 혹은 각기 다른 기능을 하는 다양한 이벤트성 구간은 어떤 것들을 기획해서 몇 개나 세팅해야 하는지
- 한 사람이 두세 개의 계정을 이용해 혼자만 계속 1등을 하는 어뷰징이 발생한다면 이것을 어떻게 감지하고 조치할지

이러한 목록은 제가 〈카트라이더〉 아이템 팀전에 대해 생각난 몇 가지 요소만 가볍게 적은 것입니다. 간단한 캐주얼 게임이라고 여겨지는 〈카트라이더〉라는 게임의 여러 가지 모드 중 한 가지 모드만 기획을 할 때도 생각해주어야 할 예외사항들이 이렇게 많이 있습니다. 〈카트라이더〉라는 게임 전체를 기획한다면, 아마 기획서로 책 한 권 이상의 분량이 나올 것입니다.

역기획서를 처음 쓸 때는 우선 최대한 심플한 구조의 게임 하나를 고른 뒤 그 게임을 잘게 쪼개서 각 부분의 역기획서를 써나가세요. 그리고 그것들을 취합해서 한 개 게임의 전체 기획서를 만들어보세요. 굉장히 간단해 보이는 캐주얼 게임 하나의 기획서를 쓰는 데도 꽤 오랜 시간이 걸릴 것이고 문서로는 수백 장이 만들어져야 할 것입니다.

내공이 좀 쌓이면, 부분 기획서를 쓰던 방식에서 역으로 한번 시도해보세요. 역기획 대상이 된 게임의 전체 구조도를 그릴 수 있도록 연습을 한번 해보시고, 전체를 그려 놓은 뒤 하나씩 세부 기획을 작성해나가는 것도 좋은 방법입니다(보통 실무 기획자들은 이런 식으로 큰 그림을 먼저 그려 놓고 들어가기 시작합니다).

게임의 전체 구조도를 그리다 보면 간단해 보이는 게임조차도 얼마나 많은 기능들이 유기적으로 묶여 있는지 깜짝 놀랄 것입니다. 그리고 대부분의 분들이 '기획'이라는 단어에서 떠올리는 떠올리는 퀘스트, 스토리, 세계관 같은 것들이 전체 게임 기획에서 얼마나 적은 비중을 차지하고 있는지 깜짝 놀라게 될 것입니다.

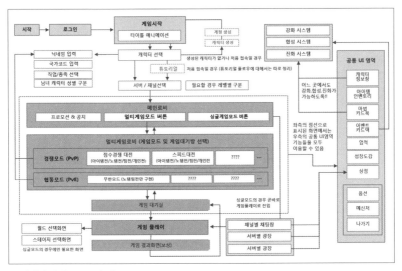

▲ 간단한 게임 구조도의 예

　　이런 식으로 여러분이 작성한 기획서만 보고, 프로그래머나 그래픽 디자이너가 본래의 게임과 똑같은 게임을 만들 수 있다면 매우 성공적인 기획서를 작성하신 것입니다. 회사에 입사 지원을 하기 전, 2~3개 정도의 게임에 대해 역기획서를 완성할 수 있다면 굉장히 훌륭한 포트폴리오가 만들어짐과 동시에, 기획에 대한 '감' 정도는 잡으실 수 있지 않을까 생각됩니다(물론 제대로 된 2~3개의 역기획서를 만들기 위해서는 20~30개를 써 봐야 하겠지만요).

　　기획을 공부하는 방법에 정석은 없고 왕도도 없습니다.

역기획은 그나마, 현실적으로 기획에 대한 '감'을 잡을 수 있는 수많은 방법 중 하나입니다.

많이 기획해보고, 많이 삽질해보고, 많이 실패해보고, 많이 좌절해
봐야 빠르게 배울 수 있습니다. 많이 기획해보시고, 많이 삽질해보시고,
많이 실패해보시고, 많이 좌절해보시길 진심으로 바라겠습니다.

역기획서의 예

다음에서 보여드릴 역기획서는 게임회사 창업을 준비중인 지인으로부
터 전달받은 것입니다. 대학졸업 이후 게임회사 취업을 목적으로 작성
했던 모바일 퍼즐게임의 역기획서이며, 일부 내용을 발췌해서 정리해
두겠습니다.

이 책의 설명을 위해 역기획서를 제공해준 지인에게 이 자리를 빌
려 감사를 드립니다.

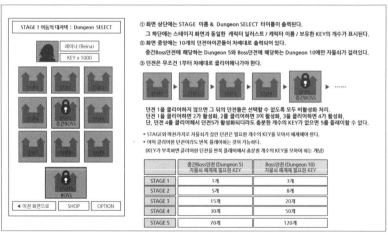

▲ 역기획서의 예

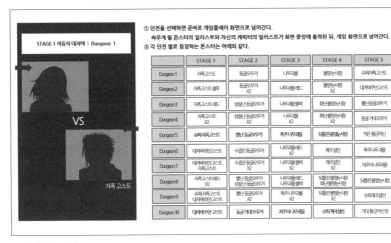

① 던전을 선택하면 곧바로 게임플레이 화면으로 넘어간다.
  싸우게 될 몬스터의 일러스트와 자신의 캐릭터의 일러스트가 화면 중앙에 출력된 뒤, 게임 화면으로 넘어간다.
② 각 던전 별로 등장하는 몬스터는 아래와 같다.

STAGE 1 어둠의 대저택 : Dungeon 1

VS

자폭고스트

	STAGE 1	STAGE 2	STAGE 3	STAGE 4	STAGE 5
Dungeon 1	자폭고스트	동굴오우거	나무괴물	불량눈사람	슈퍼자폭고스트
Dungeon 2	자폭고스트블루	동굴오우거 X2	나무괴물레드	불량눈사람 X2	대체작주인고스트
Dungeon 3	자폭고스트레드	성잘난동굴오우거	나무괴물블랙	화난불량눈사람	뿔난동굴오우거
Dungeon 4	자폭고스트 X2	성잘난동굴오우거 X2	나무괴물 X2	화난불량눈사람 X2	동굴개체오우거
Dungeon 5	슈퍼자폭고스트	뿔난동굴오우거	폭주나무괴물	뒤틀린불량눈사람	작은 황금가신
Dungeon 6	대체작하인고스트	수줍은동굴오우거	나무괴물레드 X2	계곡살인	폭주나무괴물
Dungeon 7	대체작하인고스트 자폭고스트	수줍은동굴오우거 X2	나무괴물블랙 X2	계곡살인 X2	저주의나무괴물
Dungeon 8	자폭고스트레드 X2	나무괴물레드 성잘난동굴오우거	나무괴물레드 나무괴물블랙	뒤틀린불량눈사람 화난불량눈사람	뒤틀린불량눈사람
Dungeon 9	슈퍼자폭고스트 대체작하인고스트	뿔난동굴오우거 X2	폭주나무괴물 X2	뒤틀린불량눈사람 X2	슈퍼계곡살인
Dungeon 10	대체작주인고스트	동굴개체오우거	저주의나무괴물	슈퍼계곡살인	거대황금마신킹

▲ 역기획서의 예

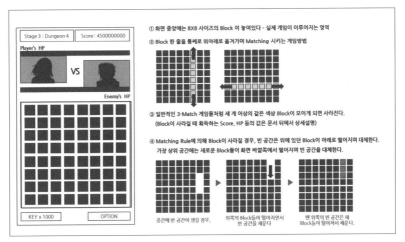

Stage 3 : Dungeon 4 | Score : 4500000000

Player's HP

VS

Enemy's HP

KEY x 1000 | OPTION

① 화면 중앙에는 8X8 사이즈의 Block 이 놓여있다 - 실제 게임이 이루어지는 영역
② Block 한 줄을 통째로 위아래로 옮겨가며 Matching 시키는 게임방법
③ 일반적인 3-Match 게임들처럼 세 개 이상의 같은 색상 Block이 모이게 되면 사라진다.
  (Block이 사라질 때 획득하는 Score, HP 등의 같은 문서 뒤에서 상세설명)
④ Matching Rule에 의해 Block이 사라질 경우, 빈 공간은 위에 있던 Block이 아래로 떨어지며 대체한다.
  가장 상위 공간에는 새로운 Block들이 화면 바깥쪽에서 떨어지며 빈 공간을 대체한다.

중간에 빈 공간이 생길 경우.

위쪽의 Block들이 떨어지면서 빈 공간을 채운다

맨 위쪽의 빈 공간은 새 Block들이 떨어져서 채운다.

▲ 역기획서의 예

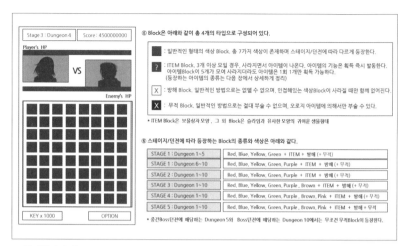

⑤ Block은 아래와 같이 총 4개의 타입으로 구성되어 있다.

▮ : 일반적인 형태의 색상 Block. 총 7가지 색상이 존재하며 스테이지/던전에 따라 다르게 등장한다.

❓ : ITEM Block. 3개 이상 모일 경우, 사라지면서 아이템이 나온다. 아이템의 기능은 획득 즉시 발동한다. 아이템Block이 5개가 모여 사라지더라도 아이템은 1회 1개만 획득 가능하다. (등장하는 아이템의 종류는 다음 장에서 상세하게 정리)

☒ : 방해 Block. 일반적인 방법으로는 없앨 수 없으며, 인접해있는 색상Block이 사라질 때만 함께 없어진다.

☒ : 무적 Block. 일반적인 방법으로는 절대 부술 수 없으며, 오로지 아이템에 의해서만 부술 수 있다.

• ITEM Block은 보물상자 모양 , 그 외 Block은 슬라임과 유사한 모양의 귀여운 생물형태

⑥ 스테이지/던전에 따라 등장하는 Block의 종류와 색상은 아래와 같다.

STAGE 1 : Dungeon 1~5	Red, Blue, Yellow, Green + ITEM + 방해 (+ 무적)
STAGE 1 : Dungeon 6~10	Red, Blue, Yellow, Green, Purple + ITEM + 방해 (+ 무적)
STAGE 2 : Dungeon 1~10	Red, Blue, Yellow, Green, Purple + ITEM + 방해 (+ 무적)
STAGE 3 : Dungeon 1~10	Red, Blue, Yellow, Green, Purple, Brown + ITEM + 방해 (+ 무적)
STAGE 4 : Dungeon 1~10	Red, Blue, Yellow, Green, Purple, Brown, Pink + ITEM + 방해 (+ 무적)
STAGE 5 : Dungeon 1~10	Red, Blue, Yellow, Green, Purple, Brown, Pink + ITEM + 방해 + 무적

• 중간Boss던전에 해당하는 Dungeon 5와 Boss던전에 해당하는 Dungeon 10에서는 무조건 무적Block이 등장한다.

▲ 역기획서의 예

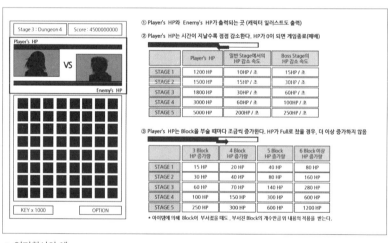

① Player's HP와 Enemy's HP가 출력되는 곳 (캐릭터 일러스트도 출력)

② Player's HP는 시간이 지날수록 점점 감소한다. HP가 0이 되면 게임종료(패배)

	Player's HP	일반 Stage에서의 HP 감소 속도	Boss Stage의 HP 감소 속도
STAGE 1	1200 HP	10HP / 초	15HP / 초
STAGE 2	1500 HP	15HP / 초	30HP / 초
STAGE 3	1800 HP	30HP / 초	60HP / 초
STAGE 4	3000 HP	60HP / 초	100HP / 초
STAGE 5	5000 HP	200HP / 초	250HP / 초

③ Player's HP는 Block을 부술 때마다 조금씩 증가한다. HP가 Full로 찼을 경우, 더 이상 증가하지 않음

	3 Block HP 증가량	4 Block HP 증가량	5 Block HP 증가량	6 Block 이상 HP 증가량
STAGE 1	15 HP	20 HP	40 HP	80 HP
STAGE 2	30 HP	40 HP	80 HP	160 HP
STAGE 3	60 HP	70 HP	140 HP	280 HP
STAGE 4	100 HP	150 HP	300 HP	600 HP
STAGE 5	250 HP	300 HP	600 HP	1200 HP

• 아이템에 의해 Block이 부서졌을 때도 , 부서진 Block의 개수만큼 위 내용의 적용을 받는다.

▲ 역기획서의 예

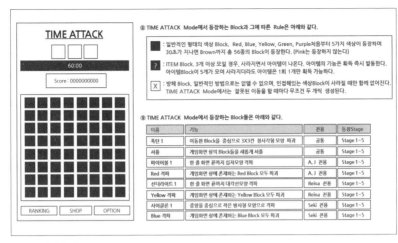

⑧ TIME ATTACK Mode에서 등장하는 Block과 그에 따른 Rule은 아래와 같다.

■	: 일반적인 형태의 색상 Block. Red, Blue, Yellow, Green, Purple처음부터 5가지 색상이 등장하며 30초가 지나면 Brown까지 총 56종의 Block이 등장한다. (Pink는 등장하지 않는다)
?	: ITEM Block. 3개 이상 모일 경우, 사라지면서 아이템이 나온다. 아이템의 기능은 획득 즉시 발동한다. 아이템Block이 5개가 모여 사라지더라도 아이템은 1회 1개만 획득 가능하다.
X	: 방해 Block. 일반적인 방법으로는 없앨 수 없으며, 인접해있는 색상Block이 사라질 때만 함께 없어진다. TIME ATTACK Mode에서는 잘못된 이동을 할 때마다 무조건 두 개씩 생성된다.

⑨ TIME ATTACK Mode에서 등장하는 Block들은 아래와 같다.

이름	기능	전용	등장Stage
폭탄 1	이동한 Block을 중심으로 3X3칸 정사각형 모양 파괴	공통	Stage 1~5
셔플	게임화면 상의 Block들을 새롭게 셔플	공통	Stage 1~5
파이어볼	한 줄 화면 끝까지 십자모양 격파	A. J 전용	Stage 1~5
Red 격파	게임화면 상에 존재하는 Red Block 모두 파괴	A. J 전용	Stage 1~5
선더라이트 1	한 줄 화면 끝까지 대각선모양 격파	Reina 전용	Stage 1~5
Yellow 격파	게임화면 상에 존재하는 Yellow Block 모두 파괴	Reina 전용	Stage 1~5
사이클론 1	중앙을 중심으로 적은 방사형 모양으로 격파	Seki 전용	Stage 1~5
Blue 격파	게임화면 상에 존재하는 Blue Block 모두 파괴	Seki 전용	Stage 1~5

▲ 역기획서의 예

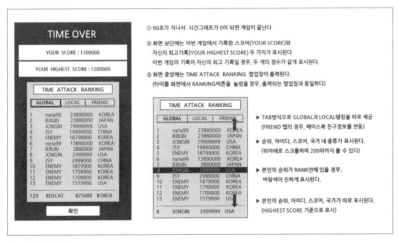

① 60초가 지나서 시간그래프가 0이 되면 게임이 끝난다

② 화면 상단에는 이번 게임에서 기록한 스코어(YOUR SCORE)와 자신의 최고기록(YOUR HIGHEST SCORE) 두 가지가 표시된다 이번 게임의 기록이 자신의 최고 기록일 경우, 두 개의 점수가 같게 표시된다.

③ 화면 중앙에는 TIME ATTACK RANKING 팝업창이 출력된다. (타이틀 화면에서 RANKING버튼을 눌렀을 경우, 출력되는 팝업창과 동일하다)

▶ TAB방식으로 GLOBAL과 LOCAL랭킹을 따로 제공 (FRIEND 탭의 경우, 페이스북 친구정보를 연동)

▶ 순위, 아이디, 스코어, 국가 네 종류가 표시된다. (위아래로 스크롤하며 200위까지 볼 수 있다)

▶ 본인의 순위가 RANK안에 있을 경우, 바탕색이 진하게 표시된다.

▶ 본인의 순위, 아이디, 스코어, 국가가 따로 표시된다. (HIGHEST SCORE 기준으로 표시)

▲ 역기획서의 예

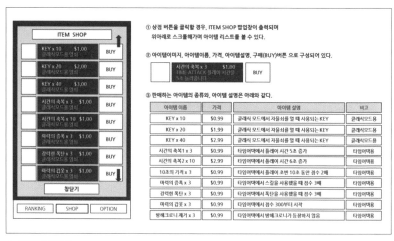

① 상점 버튼을 클릭할 경우, ITEM SHOP 팝업창이 출력되며
위아래로 스크롤해가며 아이템 리스트를 볼 수 있다.

② 아이템이미지, 아이템이름, 가격, 아이템설명, 구매(BUY)버튼 으로 구성되어 있다.

③ 판매하는 아이템의 종류와, 아이템 설명은 아래와 같다.

아이템 이름	가격	아이템 설명	비고
KEY x 10	$0.99	클래식 모드에서 자물쇠를 열 때 사용되는 KEY	클래식모드용
KEY x 20	$1.99	클래식 모드에서 자물쇠를 열 때 사용되는 KEY	클래식모드용
KEY x 40	$2.99	클래식 모드에서 자물쇠를 열 때 사용되는 KEY	클래식모드용
시간의 축복1 x 3	$0.99	타임어택에서 플레이 시간 5초 증가	타임어택용
시간의 축복2 x 10	$2.99	타임어택에서 시간 6초 증가	타임어택용
10초의 기적 x 3	$0.99	타임어택에서 플레이 초반 10초 동안 점수 2배	타임어택용
마력의 증폭 x 3	$0.99	타임어택에서 스킬을 사용했을 때 점수 3배	타임어택용
강력한 폭탄 x 3	$0.99	타임어택에서 폭탄을 사용할 때 점수 3배	타임어택용
마력의 값옷 x 3	$0.99	타임어택에서 점수 300부터 시작	타임어택용
방해크로니 제거 x 3	$0.99	타임어택에서 방해크로니가 등장하지 않음	타임어택용

▲ 역기획서의 예

06 프로그래머가 되려면 어떤 언어를 공부해야 하나요?

—

프로그래밍은 워낙 전문성이 강한 분야이다 보니, 기획에 비해서는 무엇을 공부하고 준비해야 할지가 명확한 편입니다. 하지만 그럼에도 게임 프로그래머를 지원하는 학생이나 신입사원 분들의 경우, 어떤 프로그래밍 언어를 공부해야 할지 감이 잡히지 않아 난감해 하는 분들이 꽤 많은 듯합니다.

다른 나라 사람과 대화를 하기 위해서는 그 나라의 언어를 배워야 하는 것처럼 인간과 컴퓨터가 서로 소통을 하기 위해서는 당연히 컴퓨터의 언어를 배워야 합니다. 그리고 전 세계에 수많은 나라와 수많은 언어가 있듯이, 컴퓨터와 대화할 수 있는 프로그램 언어도 수십 가지 종류가 있습니다.

일단 제가 지금 생각나는 것만 나열해봐도 자바[Java], HTML, C, C++, C#, XML, 델파이[Delphi], 비주얼 베이직[Visual Basic], 파워빌더[Power Builder], PHP, JSP, ASP, 파이썬[Python] 등 꽤 많습니다.

이 많은 언어 중, 어떤 걸 공부해야 될지 감이 안 잡히는 것도 어떻게 보면 당연합니다(각 언어들이 어떤 특징을 가지고 있고, 어디에서 어떻게 사용되는지는 여기에서 굳이 설명하지 않겠습니다. 일단, 저도 전문적인 부분까지는 잘 모르고, 구글에서 조금만 찾아보서도 굉장히 잘 정리되어 있는 자료들이 한가득이니까요).

일단 딱 잘라 말씀드리자면 C++와 자바 두 개만 제대로 마스터한다면, 게임업계에 정착하는 데는 큰 문제가 없습니다. 대부분의 게임 엔진들이 두 개의 언어를 기반으로 제작되어 있기도 하고, 요즘 가장 시장에서 대세를 이루고 있는 스마트폰 게임을 만드는 데도 두 개의 언어가 많이 사용되고 있으니까요.

하지만, 서렇게만 설명하면 너무 부책임해 보일 수 있으니, 어떤 프로그래밍 언어를 공부해야 할지 가장 빠르게 정보를 얻는 법을 알려드리겠습니다.

게임회사에 들어가고 싶은 분들의 경우, 마음 속에 본인이 들어가고 싶은 회사가 어느 정도 정해져 있을 것입니다. 조금 더 구체적으로 꿈을 정하신 분들은 들어가고 싶은 회사와 담당하고 싶은 프로젝트까지도 머리 속에 어느 정도 그림이 그려져 있겠지요 그 회사의 홈페이지에 들어가보세요. 그리고 채용공고가 있는 페이지에 접속해서 신입사원 채용공고를 클릭하지 마시고, 경력사원 채용공고를 클릭해서 열어

보기 바랍니다!

대부분의 학생분들이나 신입사원 분들은 경력사원 채용공고 쪽은 아예 볼 생각도 못하고 계시겠지만, 실제로 여러분은 이쪽을 열어보고 정보를 얻으셔야 합니다!!!

보통 신입사원 채용공고를 열어보면, '게임을 사랑하시는 분, 게임 프로그래밍에 대한 열정이 있으신 분, 게임 개발 경험이 있거나 관련 지식이 있으신 분, 전산학 이론이 풍부하신 분, 관련학과 전공자 우대' 등과 같은 뜬구름 잡는 소리만 잔뜩 적혀 있기 때문에 프로그램 지망생들이 무엇을 공부해야 하는지 절대로 알아차릴 수 없습니다.

하지만, 경력직군의 채용공고를 찾아서 읽어보면, 이 회사가 어떤 프로그래밍 언어를 주로 사용하는지, 어떤 프로그램 언어 능력을 가진 사람을 채용하려고 하는지 가장 확실하게 알 수 있습니다!!

자, 실제 사례를 보면서 설명하겠습니다. 먼저 넥슨의 경력직 채용 공고 페이지를 살펴볼까요? 각 프로젝트마다 여러 개의 채용공고 글이 올라와 있는데, 그 중 제가 과거에 몸담았던 〈카트라이더〉 팀에 대한 경력직 프로그래머 채용 글을 살펴보겠습니다.

굉장히 길게 적혀 있는 듯하지만, 어떤 프로그래밍 능력을 회사가 필요로 하는지 맨 첫 줄에 써 있습니다. C/C++를 이용하여 개발이 가능한 프로그래머를 찾고 있는 것입니다. 넥슨의 카트라이더팀에 들어가고 싶으시다면 무엇을 공부해야 하는지 아시겠죠?

하나 더 볼까요? 제가 좋아하는 〈마비노기 영웅전〉 채용공고를 살펴보겠습니다.

C++와 C#에 대한 능력을 필요로 하고 있다는 걸 확인할 수 있습니다.

이번엔 NHN엔터테인먼트^{Entertainment}의 경력 기술직 서버 프로그래머 채용공고 글을 살펴보겠습니다. 자격 요건을 보시면 아시겠지만, 자바를 잘 다룰 수 있는 서버 프로그래머를 뽑고 있습니다.

[게임서버개발 경력 채용]

NHN엔터테인먼트와 함께 세계로 도약할 패기와 역량을 갖춘 인재를
찾습니다! 열정을 가진 분들의 많은 지원 바랍니다.

Job Description

– iOS / AnDroid용 게임 / 애플리케이션의 서버 개발
– MultiDevice 대응 각종 웹 서비스의 서버 개발

자격 요건

– 초대졸 이상의 학력
– 3년 이상의 웹 서비스 개발 경험을 가지고 계신 분
– Java/JSP/JavaScript 개발을 할 수 있는 분
– Apache, Tomcat 등의 웹 서버 구축을 할 수 있는 분

마지막으로 엔씨소프트의 신규 프로젝트인 〈리니지이터널〉에 대한
경력직 채용공고 글을 보겠습니다. 맨 첫 줄에 나와 있는 것처럼 C++
능력을 필요로 하네요.

[리니지이터널]
서버 프로그래머 모집

– C++ 프로그래밍 능력
– C++ 언어 사양 및 주요 라이브러리의 내부 동작에 대한 이해 필요
– 객체 지향 프로그래밍에 능숙해야 함(C sytle 지양)
– 윈도우 시스템 프로그래밍 능력
– OS가 제공하는 동기화 객체에 대한 이해 필요
– 네트워크 프로그래밍 능력
– TCP/IP 네트워킹에 대한 이해 필요
– IOCP 기반 socket 프로그래밍에 능숙해야 함
– multi-thread 프로그래밍 능력

이런 식으로 경력사원 채용공고를 읽어보면, 어떤 프로그래밍 언어를 공부해야 할지 확실하게 팁을 얻을 수 있습니다. 프로그래머뿐만 아니라 대부분의 직군에서 참고할 수 있는 방법이지만, 프로그래머 지망생들이 가장 확실하게 정보를 얻을 수 있습니다.

굉장히 간단한 방법인데도, 의외로 대부분은 이 방법에 대해 전혀 생각을 못하고 계시더군요. 참고하시기 바랍니다.

참고로, 게임업계 전체적으로 어떤 언어를 많이 사용하는지 알고 싶다면, 다음 표를 참고하기 바랍니다. 소프트웨어 품질 관리 업체 '티오베TIOBE'가 조사한 사용 비중에 따른 2014년 7월 기준, 프로그래밍 언어 사용 순위입니다.

순위	Programming Language	Ratings
1	C	17.15%
2	Java	15.69%
3	Objective-C	10.29%
4	C++	5.52%
5	(Visual) Basic	4.34%
6	C#	4.05%
7	PHP	2.92%
8	Python	2.66%
9	JavaScript	1.81%
10	Transact-SQL	1.76%
11	Perl	1.63%
12	Visual Basic .NET	1.50%
13	F#	1.09%
14	Ruby	1.07%
15	ActionScript	1.07%
16	Swift	1.05%
17	Delphi/Object Pascal	1.03%
18	Lisp	0.83%
19	MATLAB	0.78%
20	Assembly	0.78%

▲ 프로그래밍 언어 사용 순위 (출처: 티오베(TIOBE SOFTWARE) http://www.tiobe.com/index.php/content/paperinfo/tpci/index.html)

그래픽 디자이너가 되려면 무엇을 준비해야 하나요?

게임회사도 회사이기 때문에 학력과 스펙을 당연히 본다고 앞에서 이야기했지만, 그래픽 디자이너는 예외입니다.

그래픽 디자이너는 오로지 실력 하나만으로 승부할 수 있는 유일한 직군입니다!

잘 만들어진 포트폴리오 한 장이 학력, 스펙, 자격증, 수상경력들을 가볍게 제압합니다. 초등학교도 졸업 못했을지라도, 성격 이상하고 대인관계가 안 좋고 조울증까지 있을지라도, 모든 걸 압도할 만한 그래픽 실력을 갖추고 있다면 무조건 회사에서는 모셔가게 되어 있습니다.

그래픽 디자이너를 지망하시는 분들은 손을 멈추지 마세요. 컨셉디자인, 원화, 일러스트레이터, UI, UX 등 2D 그래픽 디자이너가 지망이신 분들은 먹고 자는 시간 말고는 무조건 그리면 됩니다. 모델링, 매핑, 애니메이션, 이펙트, 배경 등 3D 그래픽 디자이너가 지망인 분들은 전문 스킬만 무조건 파고 들면 됩니다. 그 분야에서 최고의 실력을 갖추면 더 이상 고민할 것 없습니다.

물론 그래픽 디자이너가 좋은 그림을 그리기 위해서 아무것도 공부하지 않아도 되는 건 아닙니다. 포토샵, 페인터, 3D맥스, 마야, 지브러쉬, 바디페인트와 같은 작업에 필요한 툴 사용법을 익히는 것은 기본이고, 아이디어에 필요한 공부나 자료조사는 항상 수반되어야 합니다.

혹시 자료조사가 무엇을 의미하는지 좀 막연합니까? 간단한 예를 들어보겠습니다. 라이터를 한번 그려보세요! 라이터가 어떻게 생긴 건지는 다들 알고 있지만 막상 아무것도 없이 똑같이 그려보라고 하면, 똑같이 그리기 쉽지 않을 겁니다. 옆에 라이터를 꺼내 놓고 그리든지, 라이터 이미지를 찾아보면서 그려야 될 것입니다

게임 그래픽을 할 때도 마찬가지입니다.

"판타지 세계관과 혼합된 삼국시대의 섹시한 여성캐릭터를 그려보라."라는 요청이 기획팀으로부터 도착한다면 막상 어떻게 그려야 할지 손이 곧바로 움직이지 않을 것입니다(아마 갑옷에 들어가는 문양 하나만 그리려고 해도 상당히 어려울 것입니다). 성이나 건물의 건축양식, 문화재, 전통의복, 군사무기, 생활도구, 미술작품, 악기 등 삼국시대와 관련된 온갖 자료들을 다 찾아봐야만 겨우 제대로 된 캐릭터 하나를 디자인하는 데 감을 잡을 수 있을 것입니다. 만약 본인이 고구려, 백제, 신라시대의 특징과 미술 양식의 차이점, 주요 인물, 사건들까지도 꿰고 있다면 그것들을 반영한 캐릭터를 남들과는 차별화되게 만들 수 있을 것이고, 어떤 자료를 참고해야 하는지도 명확하게 머릿 속에서 그릴 수 있다면

굉장한 노력과 시간을 아낄 수 있을 것입니다.

경력이 오래되고 실력이 좋은 디자이너일수록 절대 무작정 손이 나가지 않습니다. 그들은 실제 작업보다도 자료조사에 가장 많은 시간을 투자하곤 한답니다.

한 가지 더 추가로 말씀 드리자면, 그래픽 디자인을 지망하는 분들은 항상 기본을 잘 갈고 닦으시길 바랍니다.

사적인 이야기이긴 하지만, 저만 해도 처음에는 드로잉, 색감, 빛, 인체, 구도 등 미술의 기본 지식 없이 마구잡이로 그림을 그려대기 시작했습니다. 처음에는 그럭저럭 먹고 살 정도로 그림을 그리게 되었나

싶어서 게임 그래픽 디자이너로 회사 생활을 시작하게 되었는데, '기본'이 없으니 어느 순간부터 실력이 늘지를 않더군요. 실력의 향상 없이 포토샵과 페인터를 이용한 잔기술만 늘어나는 한계를 스스로 실감하게 되었습니다. 그래서 그래픽 디자이너를 포기하고, 게임 사업 직무로 전향하면서 지금의 회사로 이직을 하게 되었지요(게임 사업이 만만하다는 이야기는 절대로 아닙니다. 저도 새로운 직무로 옮긴 후, 이 분야에 대해 공부하고 적응하는 데 꽤 오랜 시간을 투자했으니까요).

앞에서 언급한 이 '기본'이란 것은 비단 2D 그래픽 디자이너들에게만 해당되는 것은 아닙니다. 3D 모델러에게도 이펙터에게도 애니메이터에게도 미술의 기본 지식은 너무나 중요합니다. 그러니 급한 마음에 곧바로 실전으로 뛰어들려 하지 마시고 차근차근 기초를 잘 쌓으신 뒤 실무로 넘어가는 것을 권장해 드립니다. 기본이 되어 있어야 크리에이티브와 스타일도 살아나는 것이랍니다.

기본기를 충실히 연마하시고 시간이 흐르면, 언젠가 포트폴리오를 만들어 입사 지원서를 써야 할 상황과 만나게 되겠지요?

포트폴리오를 만들 때는 회사가 원하는 그림을 제공하세요. 게임 그래픽은 예술이 아니라 상품입니다. 철저하게 회사가 원하는 상업적인 그림을 그리실 수 있어야 합니다.

가령, 엔씨소프트의 〈리니지〉 원화가로 취직을 하고 싶으면서, 귀엽고 아기자기한 3등신의 캐릭터 그림을 포트폴리오로 그려서 제출하면 아마 거들떠보지도 않고 불합격 처리될 것입니다. 넥슨의 〈메이플스토리〉 팀에 지원하면서, 베르세르크 같은 그로테스크하고 하드코어한 그림을 그려 가도 환영받지 못할 것입니다.

이 책의 삽화를 그린 유영욱 작가가 넥슨의 그래픽 디자이너 경력직으로 채용되었을 때는 막 카트라이더가 국민 게임의 반열에 올라간 시점이었다고 합니다. 그래서 그는 카트라이더 팀에 합류하는 것을 목표로 하고, 모든 포트폴리오를 카트라이더 팀이 원하는 그림에 맞춰 제작했었다는군요. 카트라이더 그림의 색감, 펜선, 인체비율, Tone & Manner를 그대로 구현하려고 했었고, 심지어 넥슨에 제출한 포트폴리오 중 70%는 자동차와 관련된 디자인이었다고 합니다.

자신의 입맛대로 멋대로 그린 그림을 회사가 사줄 것이라는 기대는 절대 하지 마세요. 모든 포트폴리오는 철저하게 회사가 원하는 맞춤형 상품으로 제작하시기 바랍니다.

지금까지의 이야기를 정리하면 다음과 같습니다.
1. 그래픽과 관련된 기본기에 대한 학습을 철저하게 하세요.
2. 자료조사와 툴에 대한 공부를 게을리하지 마세요.
3. 회사가 원하는 것을 파악하고, 그에 맞춰 포트폴리오를 준비하세요.

이 세 가지만 명심하신다면 학력, 스펙, 자격증, 수상경력 이런 것들과 관계없이 좋은 그래픽 디자이너가 되어 회사에 취업할 수 있습니다!!

게임회사 취업 가이드

▲ 삽화를 그린 유영욱작가가 넥슨 〈카트라이더〉팀에 지원했을 때 제출한 포트폴리어 중 일부

▲ 삽화를 그린 유영욱작가가 넥슨 〈카트라이더〉팀에 지원했을 때 제출한 포트폴리오 중 일부

▲ 삽화를 그린 유영욱작가가 넥슨 〈카트라이더〉팀에 지원했을 때 제출한 포트폴리어 중 일부

게임회사 취업 가이드

▲ 삽화를 그린 유영욱작가가 넥슨 〈카트라이더〉팀에 지원했을 때 제출한 포트폴리오 중 일부

▲ 실화를 그린 뮤엿육작가가 넥슨 〈카트라이더〉팀에 지원했을 때 제출한 포트폴리오 중 일부

copyright Yoo Yeong Wook all rights reserved

게임회사 취업 가이드

▲ 삽화를 그린 유영욱작가가 넥슨 〈카트라이더〉팀에 지원했을 때 제출한 포트폴리오 중 일부

게임회사 취업 가이드

▲ 섬화를 그린 유영욱작가가 넥슨 〈카트라이더〉팀에 지원했을 때 제출한 포트폴리오 중 일부

▲ 삽화를 그린 유영욱직가가 넥슨 〈카트라이더〉팀에 지원했을 때 제출한 포트폴리오 중 일부

사업, 서비스 담당자가 되려면 무엇을 준비해야 하나요?

사업, 서비스 담당자는 돈에 관련된 모든 일을 책임지는 직무입니다(회사마다 명칭이 조금씩 다르긴 합니다만, 이 책에서는 사업 담당자로 통일하겠습니다).

게임 개발 단계에서부터 치밀한 유료화를 고려해서 함께 설계해 나가야 하고, 게임이 출시된 이후에도 게임의 지표와 유저들의 패턴을 모두 파악해서, 한정된 유저들로부터 최대의 매출을 끌어올리는 일을 하는 것이죠.

예를 들어볼까요? 회사에서 RPG 게임이 출시되었습니다. 유저들의 패턴을 분석해보니, 대부분의 유저들은 5스테이지를 클리어하기 어려워합니다. 여기에서 돈을 써서 좋은 무기를 사면 5스테이지를 클리어할 수 있습니다. 그렇다면, 이 시점에서 사용자에게 돈을 쓰고 아이템을 구매하도록 유도할 수 있겠지요. 하지만, 대부분의 유저들은 돈을 써서 아이템을 구매하기보다는, 5스테이지에서 좌절하고 게임을 관두어 버리는 일이 더 많습니다.

유저들의 이런 패턴을 인지하고 있는 사업 담당자라면, 5스테이지에서 좌절을 맛 본 유저에게 무료로 돈을 지급한 뒤, 유저가 아이템을 구매하고 5스테이지를 클리어하도록 게임을 설계합니다. 아이템을 구매해서 스테이지를 클리어하게 된 유저는 스테이지 클리어에 대한 희열, 그리고 새로운 아이템 획득에 대한 즐거움을 함께 얻을 수 있습니다. 또한, '스테이지가 어려울 때는 돈을 내고 아이템을 구매하면 된다는 경험'을 갖게 됩니다. 이 경험에 익숙해진 유저는 두 번째로 어려운 스테이지를 맞딱뜨리게 되었을 때, 스스로 돈을 지불하고 아이템을 구매하게 되는 '유료결제 고객님'으로 변하게 될 확률이 비약적으로 높아지게 됩니다.

5스테이지에서 이탈할 수도 있었던 유저를 계속 게임에 붙잡아 두면서 돈을 쓰도록 설계하는 일, 나아가 게임 전반에 걸쳐서 이런 장치들을 쉴 새 없이 계속 마련을 해둠으로써, 유저가 게임을 떠나지 못하게 붙잡아 두면서 한정된 유저들로부터 계속적으로 수익을 거두어 들이는 기획을 하는 것이 사업 담당자의 임무입니다.

제가 굉장히 간단하게 설명을 드렸지만, 이런 유저들의 패턴을 분석해서 유료화 설계를 하기까지는 수천, 수만 건에 달하는 유저들의 패턴을 수치적으로 분석한 뒤 결론을 도출해낼 수 있는 능력이 요구된답니다. 사업담당자가 회사에서 하는 일 중, 가장 중요하고 어려운 일이지요.

또한, 사업 담당자는 자신이 담당하고 있는 게임의 예상 매출을 계산한 뒤 그 게임에 알맞은 개발비용, 마케팅비용, 홍보비용, 인력비용을 적절하게 분배해야 하는 역할도 처리해야 합니다. 어느 정도의 비용을 어떻게, 어느 시점에 투입해야 가장 빠르게 손익분기점에 도달하고 최대의 수익을 끌어낼 수 있을지, 모든 것을 수치적으로 증명해내고, 모든 것을 정량적으로 해결해 나가야 하는 중요하고도 어려운 업무입니다.

직접적으로 돈과 관련된 모든 결정을 해야 하기에 그만큼 책임감이 막중하기도 하죠.

자, 그렇다면 이런 일을 하는 사업, 서비스 담당자로 회사에 지원을 하기 위해서는 무엇을 준비해야 하는 것일까요?

기획자 지망생들이 포트폴리오로 게임기획서를 쓰는 것처럼, 사업 담당자 지망이라면 게임에 대한 사업기획서를 작성해서 포트폴리오로 가져가면 됩니다.

사업기획서에도 여러 가지가 있습니다. 앞서 설명한 것처럼 특정 게임에 대한 유료화 기획만을 집중적으로 다룬 사업기획서가 있을 수 있고, 게임 개발 과정의 전반적인 상황을 리뷰하고 돈으로 환산해내는 사업기획서가 있을 수 있습니다. 또한, 현재 출시되어 라이브되는 게임의 성과를 한 단계 끌어올리기 위해 다른 프로젝트와 콜라보레이션 Colaboration을 진행한다든지, 외부 업체와의 제휴를 통해 매출을 극대화해내는 사업기획서를 작성할 수도 있습니다.

하지만, 위에서 언급한 대부분의 사업기획서들은 게임의 상세한 지표나 유저들의 패턴들을 파악하지 못하면 작성하기가 어려운 것입니다. 실제로 회사에 들어가기 전까지는 그 데이터를 볼 수 없을 테니, 현실적으로 포트폴리오로 작성하기가 어려울 것입니다. 따라서 제가 추천하는 사업기획서 포트폴리오 내용은 다음과 같습니다.

이미 출시된 게임을 대상으로 그 게임의 개발 과정에서부터 출시, 라이브서비스까지의 모든 히스토리를 파악한 뒤, 해당 게임에 대한 사업기획서를 역으로 써내려 가는 것입니다. 어떻게 보면 역기획서와 비슷하다고 볼 수 있습니다. 혹은 자신이 독립 개발사의 대표가 되어, 새로운 게임을 개발했다고 가정하고, 퍼블리셔를 상대로 그 게임에 대한 계약을 끌어내기 위한 사업기획서를 써보는 것도 좋은 포트폴리오가 될 것이라고 생각합니다.

이런 식으로 사업기획서 몇 개를 만들어서 제출할 수 있다면, 사업담당자 지망생으로서 좋은 경험이 될 것이고, 좋은 포트폴리오가 될 것입니다. 만약 게임회사 입사를 희망하는 대학생분들이라면, 프로그래머 디자이너와 팀을 꾸려서 함께 간단한 게임을 만들어 본 후, 그 게임과 그 게임에 대한 사업기획서를 한 번에 묶어 포트폴리오로 제출할 수 있다면, 모든 팀원 분들에게 아주 훌륭한 포트폴리오가 될 것입니다.

지금부터 간단한 사업기획서 샘플을 보여드리겠습니다. 이제부터 보여드릴 사업기획서는, 개발사의 대표를 맡고 있는 지인이 회사에서 개발한 프로젝트를 퍼블리셔와 계약하기 위해 작성했던 사업기획서입니다. 그 중 중요한 내용을 일부 발췌해 재정리해두었습니다. 선뜻 사업기획서를 제공해준 지인에게 이 자리를 빌려 감사를 전합니다.

COMPANY A 회사소개

회사소개

- 대표 : 김OO
- 직원 수 : 15명
- Location : 서울 강남구 역삼동 A오피스텔 3층 COMPANY A
- CONTACT : companyA@campanya.com / (02)000-0000

대표 타이틀

- 프로젝트 A : PC, Mobile RPG
- 프로젝트 B : Mobile FPS
- 프로젝트 C : Mobile Simulation

연혁

- 2011.06 : 창립
- 2012.08 : KT와의 제휴를 통해 모바일 게임 '프로젝트 A' 개발/상용화
- 2013.02 : '프로젝트 A' 웹버전 개발. 네이버게임 통해 채널링 서비스
- 2013.09 : '프로젝트 B' 개발. 애플과 구글을 통해 서비스
- 2013.10 : '프로젝트 B' 티스토어, 올레마켓, lg유플러스 통해 서비스
- 2013.11 : 삼성전자 외주 '프로젝트 S' 그래픽 개발 참여
- 2013.12 : '프로젝트 C' 티스토어, 올레마켓.
- 2014.01 : '프로젝트 X' 개발 중

멤버 Profile

김OO / 대표이사 겸 PD

- 1999.06~2002.07 넥슨 〈프로젝트M1〉 〈프로젝트M2〉 기획
- 2003.08~2010.05 NHN 〈프로젝트Q〉 기획
- 2010.05~2011.04 Bllizard Entertainment 〈프로젝트B〉 국내 서비스 담당

유OO / 레벨 디자이너

- 2001.08~2007.01 NC소프트 〈프로젝트L1〉 〈프로젝트L2〉 기획
- 2007.02~2011.04 액토즈소프트 〈프로젝트B〉 레벨디자인

박OO / 아트 디렉터

- 2002.06~2006.08 네오위즈게임즈 〈프로젝트D1〉 〈프로젝트D2〉 3D 그래픽 디자이너
- 2006.09~2011.04 NHN 〈프로젝트Q〉 아트디렉터

최OO / 클라이언트 프로그래머

- 1999.02~2002.07 컴투스 〈프로젝트P1〉 〈프로젝트P2〉 클라이언트 개발
- 2003.08~2011.04 게임빌 〈프로젝트S1〉 〈프로젝트S2〉 〈프로젝트S3〉 클라이언트 개발

박OO / 서버 프로그래머

- 2001.06~2002.07 NC소프트 〈프로젝트L1〉 〈프로젝트L2〉 서버 개발
- 2003.03~2011.04 소프트맥스 〈프로젝트Z〉 서버 개발

정OO / DBA

- 1999.06~2007.01 컴투스 〈프로젝트P1〉 〈프로젝트P2〉 DBA
- 2007.02~2011.04 액토즈소프트 〈프로젝트B〉 〈프로젝트C〉 DBA

다음 ▶

▲ 사업기획서 샘플 (1)

사업기획서의 가장 처음에는 당연히 게임을 개발하는 회사에 대한 소개, 혹은 프로젝트 구성원에 대한 소개가 들어가야 합니다. 프로젝트 구성원에 대한 설명은 최대한 자세하게 쓸수록 좋습니다. 프로젝트 구성원의 경력사항, 개발 이력, 상용화된 프로젝트에 대한 소개까지 최대한 상세하게 작성해주세요. 게임은 개발에서부터 서비스까지 모든 것이 사람의 힘으로 이루어지는 일이기에, 무엇보다도 실력 있는 프로젝트 멤버를 확보하고 있는 것이 굉장히 중요한 일입니다. 실제로 게임업계에서는 좋은 멤버들이 모였다는 이유만으로도 몇 십억 원의 투자를 유치해 내는 일도 굉장히 많이 일어나곤 한답니다.

그 다음에는 본인이 개발하고 있는 게임에 대한 설명이 상세하게 기입되어야 합니다. 아마도 사업기획서에서는 이 부분에 대한 설명이 가장 많은 분량을 차지하게 될 것입니다.

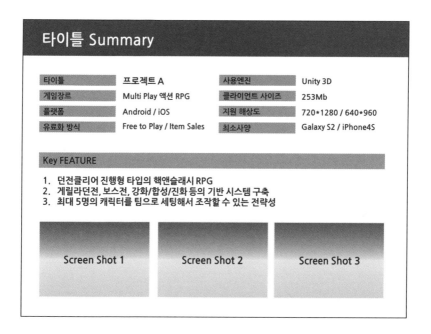

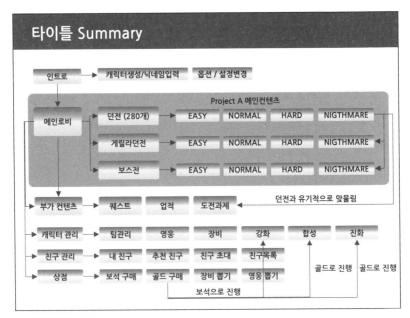

타이틀 Summary

인트로 → 캐릭터생성/닉네임입력 옵션 / 설정변경

Project A 메인컨텐츠

메인로비 → 던전 (280개) → EASY NORMAL HARD NIGTHMARE
게릴라던전 → EASY NORMAL HARD NIGTHMARE
보스전 → EASY NORMAL HARD NIGTHMARE

던전과 유기적으로 맞물림

부가 컨텐츠 → 퀘스트 업적 도전과제

캐릭터 관리 → 팀관리 영웅 장비 강화 합성 진화

친구 관리 → 내 친구 추천 친구 친구 초대 친구목록

골드로 진행 골드로 진행

상점 → 보석 구매 골드 구매 장비 뽑기 영웅 뽑기

보석으로 진행

▲ 사업기획서 샘플 (2)

　　게임 기획 내용에서부터 시작해, 플랫폼, 엔진, 해상도, 콘텐츠 수량, 유료화 구조, UI, 스크린샷 등 타게임과 차별화되는 특징들을 명료하게 정리해낼 수 있어야 합니다. 특히 유료화 구조에 대한 설명은 최대한 상세하고 구체적으로 적어주시는 것이 좋습니다(사업 담당자가 하는 모든 일은 돈과 관련된 일이라고 말씀드렸죠?).

　　가능하다면 시장 조사 자료까지 포함시킨 뒤, 현재 자신의 게임과 유사한 다른 게임들이 시장에서 어느 정도의 성과를 거두고 있는지, 그 게임에 비해 어떤 장단점들이 있는지, 어느 정도의 기대 성과가 예측되며 그 이유가 무엇인지도 명확하게 설명하면 좋습니다.

그 다음엔 프로젝트에 대한 마일스톤^{Milestone}이 정리되어야 합니다. 현재까지 진행된 개발 진척도는 어느 정도인지, 여기까지 개발하기 위해 어느 정도의 인력과 비용이 투입되었는지, 앞으로 어느 정도의 기간과 비용이 더 필요한 상황인지, (비용이나 리소스가 부족하지는 않은지) 일정에 따른 상세 출시 계획은 어떻게 되는지 등 개발 계획들이 최대한 구체적으로 정리될수록 좋습니다.

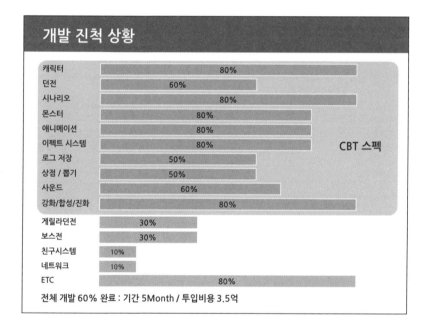

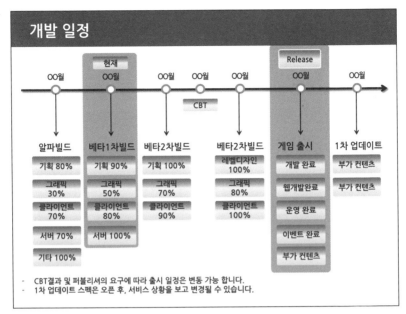

▲ 사업기획서 샘플 (3)

　　마지막으로, 가장 중요한 목표 매출이 정리되어 있어야 합니다. 예
상하는 본 게임의 매출이 어느 정도인지, 목표하는 매출을 위해서는 어
느 정도 규모의 이용자들이 필요한지, 그 이용자를 유치하기 위해 어느
정도의 마케팅, 홍보 등의 비용이 투입되어야 하는지, 라이브 서비스를
진행하면서 지속적으로 투입되는 운영, QA, 개발, 서버 등의 비용은 어
느 정도인지, 모든 사항들을 감안했을 때 총매출과 순이익의 비율은 어
느 정도로 예상되는지, 그렇게 될 경우 어느 시점에서 손익분기점에 달
성하게 될 것인지 등을 설명합니다.

목표 매출

- 현재까지 누적비용 3.5억 / 완료까지 추가 5억의 개발비용 필요

- 출시 첫 달 마케팅비 3.2억을 투입해 75만 다운로드 / 60만명의 액티브 유저를 확보
- 순매출은 마켓 수수료 30%를 제하고 70%로만 계산
- 서비스 3개월 이후 손익분기점 달성

서비스기간	CS+1	CS+2	CS+3	CS+4	CS+5	CS+6
설치 수	750,000	975,000	1,072,500	1,179,750	1,297,725	1,427,498
액티브 유저 수	600,000	692,250	664,950	648,863	622,908	642,374
결제 유저 비율	4.00%	5.50%	5.50%	5.50%	5.00%	5.00%
1인당 지출비용	₩30,000	₩35,000	₩37,000	₩35,000	₩33,000	₩33,000
예상 월매출	₩720,000,000	₩1,332,581,250	₩1,353,173,250	₩1,249,060,313	₩1,027,798,200	₩1,059,916,894
예상 누적매출	₩720,000,000	₩2,052,581,250	₩3,405,754,500	₩4,654,814,813	₩5,682,613,013	₩6,742,529,906

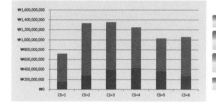

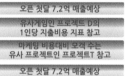

오픈 첫달 7.2억 매출예상

유사게임인 프로젝트 D의
1인당 지출비용 지표 참고

마케팅 비용대비 모객 수는
유사 프로젝트인 프로젝트T 참고

오픈 첫달 7.2억 매출예상

▲ 사업기획서 샘플 (4)

위 문서에서는 간단하게 한 페이지로 삽입해 두었지만, 실제로는 어떤 계산을 통해 다음과 같은 결론이 도출되었는지 매우 상세하게 기술해야 한다는 점을 명심하기 바랍니다.

아마 처음 사업기획서를 작성하실 때는 굉장히 막연하고 어려울 겁니다. 인터넷이나 관련 커뮤니티를 찾아보면 굉장히 많은 사업기획서를 찾아보실 수 있으니, 최대한 잘 되어 있는 것을 참고하면서 좋은 포트폴리오를 많이 만들어보길 바랍니다.

돈에 대한 모든 것을 책임지는 일입니다!!!

기획서에 넣는 숫자 하나도 절대로 아무 생각 없이 기입해서는 안 된다는 점을 명심하세요.

게임 아카데미나 관련 학원을 다니는 것이 게임회사 취업에 도움이 되나요?

"게임 아카데미나 관련 학원에 다니면 많은 도움이 되나요? 게임 아카데미나 학원을 수료하고 나면 취직할 때 유리한 점이 있나요? 게임 아카데미나 학원 출신들은 대기업 게임회사로 많이 취직한다고 하던데요." 등과 같은 질문을 많이 받습니다. 주로 취업을 목적에 둔 대학생들이 많이 묻는 듯합니다. 아마도 대부분의 스펙이 어느 정도 결정되었기에 현재의 스펙보다 좀 더 도움이 되는 걸 찾고자 하기 때문에 게임 아카데미나 학원 등을 생각하게 되는 것 같습니다.

결론부터 말씀 드리자면, 도움 됩니다. 많이 됩니다.

대부분 아카데미에서 강의하시는 강사분들이 현직에서 일을 하셨거나, 일을 하시는 분들로 구성되어 있기 때문에 현직 업무의 프로세스도 배울 수 있고, 회사에서 반드시 필요로 하는 능력들이 무엇인지 확실하게 가이드받을 수 있습니다.

2D 그래픽 디자이너 지망일 경우, 원화와 컨셉아트, 일러스트레이터, UI 디자인과 UX, 일러스트레이터 등 분야별 직군이 각기 어떤 일을 하고, 그것을 위해서는 무엇을 준비해야 하는지를 배울 수 있으며, 3D 디자이너가 꿈이라면 맥스^{Max}를 써야 할지, 마야^{Maya}를 써야 할지, 모델링은 어떻게 해야 하는지, 매핑은 어떻게 해야 하는지, 이펙트, 셰이더, 렌더링은 어떻게 사용해야 하는지, 최적화는 왜 해야 되는지 등 전문적이고 세부적인 지식들을 습득할 수 있습니다.

위에서 언급한 것처럼 똑같은 그래픽 디자이너 지망이라 할지라도, 지원하는 분야에 따라 공부해야 할 내용과 익혀야 될 스킬에 차이가 많습니다. 기획도 마찬가지이고, 프로그래머는 더욱 심합니다.

막연하게 뭘 해야 할지도 모르는 채 게임에 대해 공부를 해야 될 때와 달리, 무엇을 어떻게 공부해야 되는지를 확실하게 배우는 것만 해도 큰 도움이 될 것입니다.

또한, 게임회사들에 대한 정보도 얻고, 강사나 친구들을 통해 인맥도 쌓고, 팀을 짜서 직접 게임이라도 하나 만들어보게 되면 게임회사 취업에 굉장히 많은 도움이 되는 포트폴리오도 가지게 될 것입니다. 아무래도 게임 아카데미의 강사들은 회사가 어떤 포트폴리오를 원하는지를 잘 알 테니까요.

단!! 게임 아카데미나 학원이 취업에 도움이 되는 것은 맞지만, 그걸로 학벌 세탁을 하려는 생각은 버리세요!!!

메일로 질문하는 대부분의 분들은 "내가 좋지 못한 대학교를 다니고 있고, 특별히 할 줄 아는 것도 없는데 학원에서 수료를 하고 나면 취직이 가능하겠느냐?"라는 뉘앙스의 질문을 하곤 합니다.

당연히 안 됩니다!!!

학원을 수료한 뒤, 좋은 게임회사에 들어간 분들의 대부분은 이미 취업에 무리가 없는 좋은 스펙을 확보하고 있는 분들일 가능성이 높습니다. 거기에다가 학원에서 배운 실무 경험까지 보태지니, 당연히 좋은 회사에 취직이 되는 것입니다. "주위 사람들에게 알아보니 학원을 나와서 좋은 회사에 취직했다고 하더라." "이 학원에서 N사에 엄청나게 많이 취직을 시켰다더라."라는 소문, 혹은 홍보성 이야기에 많이 흔들리는 듯한데... 단언컨대 제 게임업계 경력 10년 동안, 학원만 나와서 좋은 회사에 취직한 케이스는 단 한 번도 보질 못했습니다! 만약 있다고 한다면, 대부분 계약직으로 회사에 들어가게 되는 경우일 것입니다. 그런 경우, 공채출신 신입사원이 들어오면 바로 자리를 내주게 되겠죠.

서울대를 졸업하고 학원에서 배운 실무지식까지 더해진 친구와, 고등학교만 졸업하고 학원만 다닌 두 친구가 있다면 여러분 입장에서는 누굴 채용하겠습니까?(고졸 출신을 비하하는 것은 아니지만 단적인 비교를 위해 이렇게 표현을 하게 되었습니다. 죄송합니다.)

현실은 그렇게 녹록하지 않습니다. 중학교 때부터 10년 이상을 열심히 공부한 친구들을 고작 1년 학원 다니는 걸로 따라잡으려는 것부터가 너무 과한 욕심이라는 생각이 들지 않으시나요?

"게임회사는 창의력이 중요한데, 왜 학력이나 스펙을 보느냐?"는 불만섞인 이야기가 아마 필연적으로 따라나올 것으로 예상되는데, 지식이 있어야 아이디어로 나오게 마련입니다. 여태까지 제가 본 바에 의하면 공부를 많이 한 친구들이 훨씬 더 창의적이기까지 합니다. 왜 게임만 한 사람이 더 창의적일 것이라고 생각하시나요? 왜 공부하는 친구들은 게임을 안 했고 모를 것이라고 생각하시나요? 서울대생들도 PC방에서 밤새워가면서 롤[lol]하고 와우[Wow]를 한답니다.

학원, 아카데미, 게임대학원 모두 좋습니다. 하지만, 그건 어디까지나 기반이 갖춰진 채, 그 위에 버프를 더하는 형태가 되어야 합니다.

제가 지금까지 굉장히 극단적으로 말씀드리긴 했지만, 개인마다 사정이 다르고 환경이 다르기 때문에 학원에서 기반을 다져야 하는 상황에 놓인 분도 분명히 계실 겁니다. 1년 남짓 별다른 생각 없이 학원이나 아카데미를 다닌다면 그것만으로는 절대 본인의 기반이 갖춰지지 않겠지만, 학원이나 아카데미에서 배운 기술을 바탕으로 필사적으로 남들보다 두세 배 더 노력한다면 누구에게도 뒤지지 않는 기반을 마련하실 수 있을 테니... 어떤 조건이나 상황이든지 최선을 다하시기를 바랍니다.

실제로 그런 분들이 게임회사에서 많이 활약하고 계시니까요.

도움이 될까 하여, 국내 주요 게임학과 개설 대학교 리스트를 정리해 두겠습니다. 각 학교의 홈페이지에 찾아가면 더 자세한 정보를 확인할 수 있습니다.

▶ 한국IT직업전문학교 / 게임학부
http://www.koreait.ac.kr

▶ 청강문화산업대학교 / 콘텐츠스쿨(게임 전공)
http://www.ck.ac.kr/5-schl/cnt-schl/game/major-intro

▶ 홍익대학교 조치원캠퍼스 / 게임학부
http://sejong.hongik.ac.kr/college/college_5.php

▶ 전주대학교 / 문화산업대학 게임학과
http://www.jj.ac.kr/www/colleges/culture/01.jsp

▶ 동서대학교 / 디지털콘텐츠학부(학부 내 게임관련 학과)
http://uni.dongseo.ac.kr/digital/

▶ 중부대학교 / 공과대학 게임학과
http://www.joongbu.ac.kr/

▶ 한국산업기술대학교 / 게임공학부
http://subweb.kpu.ac.kr/game/index.do

▶ 고려직업전문학교 / 게임학부
http://koreait.or.kr/it/sub/main.php

▶ 계명대학교 / 공과대학 게임모바일콘텐츠학과
http://game.kmu.ac.kr/

▶ 여주대학 / 게임기획비지니스과
http://www.yeojoo.ac.kr/

▶ 공주영상대학 / 게임연출과
http://www3.pro.ac.kr/KongjuMain.pro

▶ 전남과학대학 / 게임과, 게임애니메이션과
http://www.chunnam-c.ac.kr/

▶ 동부산대학 / 게임컨설팅과
http://www.dpc.ac.kr/sub03/sub01.asp?seq=20

10 자격증이 게임회사 취업에 도움이 되나요?

　　게임회사에 들어가려면 어떤 자격증을 따야 하나요? 고등학생, 대학생, 취업준비생을 가리지 않고 너무나 많은 분들이 궁금해하고 있는 질문입니다. 네이버지식인만 검색해 보셔도, 얼마나 많은 분들이 이 자격증이란 것에 신경을 쓰고 계시는지 알 수 있습니다. 게임회사는 "학력이나 스펙보다는 자격증과 실력을 우선시한다."라는 이야기가 워낙 많이 퍼져 있는 탓에 마치 게임회사에 들어가기 위해서는 반드시 자격증을 따야 할 것처럼 소문이 확산되고 있는 듯 합니다.

　　제가 알기로, 전 세계에서 유일하게 국가공인 게임자격증이 있는 나라가 바로 대한민국입니다. 국가공인 자격증부터 민간 자격증까지 다양한 종류의 자격증이 직군별로 수십 가지가 있는데, 그 중 가장 대표적인 것이 kocca(한국콘텐츠진흥원) 게임국가기술자격검정이라고 합니다.

기획, 그래픽, 프로그래밍의 세 가지 분야에 대해 진행되는 이 자격증 시험에 대한 정보는 kocca 게임국가기술자격검정 홈페이지(http://www.kgq.or.kr)에 들어가면 자세하게 찾아볼 수 있습니다. 출제경향과 연도별 합격률까지 꽤 자세하게 정보를 제공하고 있는 듯하니, 관심 있는 분들은 들어가서 확인해보세요.

기획의 경우, 필기시험 평균 합격률이 86%, 실기시험 평균 합격률이 30%, 그래픽의 경우, 필기시험 평균 합격률이 68%, 실기시험 평균 합격률이 27%, 프로그램의 경우, 필기시험 평균 합격률이 43%, 실기시험 평균 합격률이 51% 라고 합니다.

게임기획전문가

- **수행직무 :**
  게임 시나리오, 게임 이벤트 연출, 게임 시스템 설계 등 게임 기획 실무를 담당하며 게임 제작 준비단계를 수행하기 위한 게임 설계 업무수행
- **시행기관 :** 한국콘텐츠진흥원
- **응시자격 :** 제한없음
- **시험방법 및 검정기준**

	시험과목	출제문항수	검정방법	시험시간
필기	1. 게임제작개론	10	객관식 4지 선다형	2시간 30분 (150분)
	2. 게임컨셉디자인	30		
	3. 게임시스템 디자인	30		
	4. 게임 레벨 디자인	30		
실기	게임기획 실무	-	작업형	5시간

* 필기 합격기준 : 응시과목별 정답비율이 40% 이상인 자 중에서, 응시한 과목의 전체 정답 비율이 60% 이상인 자
* 실기 합격기준 : 총점 60점 이상인 자

- **검정수수료 :**
  필기 : 18,800 원   실기 : 24,600 원
- **출제경향 :**
  - 게임기획에 대한 전반적인 개념의 숙지 여부
  - 게임기획 전반에 관한 게임디자인 실무 능력의 유무

▲ 게임기획전문가 자격증 (출처: KOCCA 게임국가기술자격검정 홈페이지, 게임기획전문가 자격정보 http://www.kgq.or.kr/static-jsp/comm/cert_info_1.jsp)

그럼 이 자격증이 정말로 게임회사 취업에 도움이 되는 것인가에 대해 의견을 드린다면 큰 의미는 없다고 이야기하고 싶습니다.

물론 수많은 게임회사들 중, 게임 관련 자격증을 중시하는 회사가 있을지도 모르니, 전혀 쓸모가 없다고는 말하지 못하겠습니다(해외사업 직군을 지망하시는 분들은 당연히 어학 공인 자격증이 중요하고 의미가 있을 것이니, 오해하지 마시길 바랍니다).

하지만, 적어도 저를 포함한 제 주위의 경력 10년 전후의 모든 게임회사 직원들은 이 게임 관련 자격증이란 것이 존재한다는 사실조차 잘 모릅니다. 솔직히 말씀 드리자면, 저도 자격증에 대한 질문을 워낙 많이 받다 보니 알게 되었지, 그렇지 않다면 평생 모른 채 지냈을지도 모릅니다.

여러분을 뽑고 평가해줄 면접관들과 게임업계 선배들이 자격증이란 것의 가치를 전혀 모르고 있다면, 그건 가지고 있어봐야 의미가 없다는 뜻입니다.

죄송한 말씀일 수는 있겠으나, 제가 느끼기에 게임자격증이란 것은 취업 준비생들이 이렇다 할 내세울만한 경력, 학력, 수상 내역이 없으니, 어떻게든 이력서에 스펙으로 한 줄 써 넣으려고 필요 없다는 걸 뻔히 알면서 따려고 하는 무의미한 존재인 것 같습니다.

시간과 돈을 낭비하지 마세요. 게임 자격증을 준비할 시간에 학교 공부를 더 하시고, 관련 직무에 대한 책을 더 읽고 포트폴리오를 하나라도 더 만드세요.

어차피 회사에 입사 지원하면, 관련 직무에 대한 시험과 과제는 나가게 되어 있습니다. 자격증을 백 개 가지고 와봐야 자격증 없는 친구들과 똑같이 시험 보게 되어 있으며, 전혀 가산점도 없습니다. 적어도 제가 알고 있는 회사들은요.

저는 게임 자격증을 준비하시는 것에 대해서는 절대적으로 반대하는 입장입니다만, 굳이 자격증을 무언가를 하나 준비하고 싶으시다면 기획자나 사업부서 지원자 분들은 MOS^Microsoft Office Specialist 자격증을 준비하세요. 실무에서 필수적으로 사용하는 엑셀, 파워포인트 등을 다루는 능력을 검증하는 테스트입니다. 엑셀을 신의 능력으로 다룰 줄 안다면 이것은 엄청난 플러스 요인이니, 불필요한 자격증을 따는 데 노력을 쏟는 것보다는 차라리 이 부분에 집중하기 바랍니다.

프로그래머 분들의 경우, 정보처리 기사 및 기능사, 혹은 산업기사 자격증 정도만 가지고 계시면 충분할 듯 싶습니다(전공자 분들은 대학

졸업 과정에서 필수로 따게 되어 있는 곳이 많은 것으로 압니다). 기술 관련 공모전의 수상 이력도 본인의 실력을 입증할 좋은 수단이 될 것이고요.

그래픽 디자이너의 경우, 그냥 포트폴리오밖에는 답이 없습니다. 쉬지 말고 계속 그리세요. 앞에서도 말씀드렸지만, 모든 사람들을 설득시킬 수 있을 만큼 완성도 높은 좋은 포트폴리오를 만들 수만 있다면, 그 포트폴리오가 모든 자격증/학력/스펙을 뛰어 넘게 만들어 줄 것입니다.

추가로, 외국어 실력에 대한 공인자격증을 가지고 있다면 이것은 꽤 의미가 있습니다. 대한민국의 모든 게임회사들은 우리나라가 아니라 전 세계를 대상으로 게임을 제작합니다. 따라서 중요도 1순위의 시장인 영어, 일본어, 중국어를 구사할 수 있다면, 이것은 지원 분야를 막론하고 엄청난 플러스 요인이 될 것이니 참고하시기 바랍니다(물론 회사에서 면접 때, 외국어에 대한 능력 검증은 재차 진행하겠지만요).

11 ── 자기소개서를 잘 쓰는 요령이 있나요?

게임회사 입사지원생들뿐만 아니라. 취업을 준비하는 모든 분들은 자기소개서를 어떻게 해야 잘 쓸 수 있는지 많이 궁금해 합니다. 면접이나 포트폴리오를 만드는 방법에 대해서도 궁금해 하지만, 일단은 자기소개서가 입사전형의 1차 관문인지라, 더욱 신경을 쓰고 있는 듯합니다.

자기소개서를 어떻게 해야 잘 쓸 수 있느냐는 질문에 인터넷을 뒤져보면 한결 같은 답변들이 수두룩합니다.

- 자신이 어떤 목적으로 지원하는지, 지원동기를 명확하게 서술하라는 것
- 자신의 화목한 가족관계와 성장 과정을 명료하게 설명하라는 것
- 자신의 성격이 팀웍 상승에 기여할 수 있는 긍정적인 타입이라는 점을 강조할 것

- 자신의 장점을 부각시키고, 단점도 최대한 장점처럼 포장해서 설명하라는 것
- 자신이 지원분야에 왜 적합한 인재인지를 일목요연하게 설명하라는 것

자기소개서를 첨삭지도해주는 기업들도 많고, 잘 쓰여진 자기소개서를 판매하기도 하고 인터넷을 뒤져보면 유명 기업별로 써먹을 수 있는 '자기소개서 300선'과 같은 파일들도 돌아다니곤 합니다. 하지만, 정말로 이런 내용들이 그렇게 중요할까요? 여러분이 인사담당자가 되어 지원자들의 이력서를 살펴본다고 생각해보세요. 지원자들의 가족사, 성장 배경, 성격과 장단점 등이 궁금하신가요?

대형 게임사인 N사의 인사팀 팀장을 포함해, 비게임업계의 인사팀에 있는 지인들을 모두 만나서 이야기해보면 비슷한 이야기를 합니다.

자기소개서는 중요하다. 성장 과정, 성격, 자신의 장단점, 입사지원동기, 장래의 희망, 포부... 이런 것들 잘 써주면 당연히 좋다. 하지만, 자기소개서를 읽는 인사담당자들이 원하는 것은 그런 내용이 아니다. 읽을 시간이 없어서 잘 읽지도 않는다. 입사지원자들이 쓴 자기소개서가 100% 진솔하게 쓰여졌다고 장담할 수도 없을 뿐더러, 지원동기, 성격, 장점, 단점, 포부...이런 건 면접 때 만나서 10분만 이야기해보면 알 수 있다. 자기소개서에서 회사가 보고 싶은 건 다음 세 가지 내용이다!

(1) 지원자가 무슨 능력을 가지고 있는지

(2) 그 능력이 지원한 분야에서 어떻게 사용될 수 있는지

(3) 그로 인해 우리 회사에 어떤 도움이 될지

이것입니다! 이 세 가지 항목을 꼭 기억하시기 바랍니다!

저 세 가지가 바로 여러분이 자기소개서에 중점적으로 작성해야 할 내용입니다.

추가로 몇 가지 말씀드리자면 절대 자기소개서에 과장이나 거짓된 내용은 쓰지 말 것을 엄청나게 강조했습니다. 면접 때는 자기소개서와 경력사항을 위주로 질문을 하게 되어 있기 때문에 조금이라도 거짓이 포함되어 있으면 면접에서 무조건 100% 걸리게 되어 있습니다(실제로 이력사항을 과장하거나 포트폴리오를 속여서 합격이 취소된 사례도 굉장히 많이 있습니다).

따라서 솔직하게 자신의 능력이 무엇이고, 그게 이 회사에 어떤 도움을 줄 수 있는지 명확하게 서술을 하는 것이 중요합니다.

참고가 될지는 모르겠지만, 제가 예전에 회사에 들어가기 위해 썼던 자기소개서를 첨부합니다. 연봉조건이 안 맞아서 저 회사에 가지는 않았지만, 그래도 신입시절, 나름 제일 성의 있게 썼던 자기소개서였던지라 아직까지 제 컴퓨터에 잘 저장되어 있더군요.

"재미있는 것이 가장 중요하다!!"

이 한마디를 신념으로 여기고 있는 ○○○대학교 신문방송학과 4학년생 ○○○입니다. 그리고, 정말 재미있고 좋은 게임을 만들고 싶은 예비 게임기획자 ○○○입니다.

저는 대학에서 미디어 연출을 기반으로 하는 디지털 연출학을 전공했고, 다양한 방송 연출 공모전에 참여해 수상을 한 경력을 가지고 있으며, 지인들과의 협업을 통해 몇 개의 상용화된 게임 개발에 참여해 왔습니다.

그 중, 대표적으로 6개월전 대학교 졸업작품으로 제작한 〈데빌 아레나〉라는 모바일 게임은 제가 배운 것들을 총동원해서 만든 작품입니다. 이 게임의 기획 및 UI, UX, 밸런스에 이르기까지 기획과 관련된 대부분의 모든 작업을 혼자서 담당해 처리하였고, 이 게임을 애플과 구글에서 출시하였습니다. 물론 학생 작품이었던만큼 유의미한 사업성과로까지 이어지지는 못했습니다만 유저들이 어떤 재미 요소에 반응하고 어떤 부분에서 과금을 하게 되는지 간접적으로 경험할 수 있었던 소중한 경험이었습니다.

게임기획자 지망생으로서, 그리고 게임을 좋아하는 순수한 사용자로서 대한민국 최고의 게임회사인 ○○○○○○의 창의적인 많은 게임들을 접할 때마다 언젠가는 꼭 이 회사의 일원이 되어 훌륭한 동료들과 함께 좋은 게임을 개발하고 싶다는 꿈을 가지게 되었습니다.

비록 제가 거친 대학전공이 게임기획과 직접적인 연관이 없을 수는 있겠으나, 게임은 모든 미디어 요소들이 결합된 최상위 디지털 콘텐츠인만큼 제가 가진 고유한 경험이 남들과는 다른 창의적인 게임 기획을 하는데 오히려 큰 도움을 줄 수 있을 것이라 확신하고 있습니다.

앞에서 말씀드렸듯이 '재미있는 것'이 저한텐 가장 중요하고 그런 것들을 만들기 위해 항상 노력해 왔습니다. 그리고 더 많은 시간이 지날지라도 한결같이 더 발전하기 위해 노력할 것입니다. 그래서 언젠가는 대한민국 사람들이 누구나 알고 즐기게 될 그런 게임을 제작하고 싶습니다. 이런 제 꿈이 ○○○○○○를 통해 이루어졌으면 합니다.

꾸준한 노력과 성실함으로 회사의 발전에 큰 도움이 되는 게임기획자가 되겠습니다. 부디 제 능력을 발휘할 수 있는 기회를 주시기 바랍니다.

12 게임회사에 면접 보러 갈 때 주의해야 할 점이 있나요?

이번에는 신입사원의 면접에 대한 이야기를 하겠습니다. 읽다 보면 느끼시겠지만, 이번에는 너무나 당연한 이야기들만 할 계획입니다! 너무나 당연한 이야기들을 왜 이렇게까지 이야기해야 하는지, 사실 저도 의문이 들기는 했습니다. 하지만, 너무나 당연한 걸 너무나 당연하게 하지 않는 지원자들이 많습니다. 그러니 게임회사에 면접 보러 가시는 분들은 다음 내용들을 꼭 명심하시길 바랍니다.

딱 세 가지만 반드시 지켜주세요.

무조건 정장을 입고 가세요

게임회사의 분위기가 다른 업계에 비해 자유로운 것은 사실입니다. 출퇴근시간도 유동적이고 복장도 자유로운 편입니다. 하지만, 그건 게임회사 직원들에게 해당되는 얘기지, 면접 보러 오는 지원자들에게 청바지에 티셔츠 입고 오라는 얘기가 아닙니다.

이 이야기가 심하게 와전되어서 간혹 면접 보러 오는 지원자들이 정말 면바지에 반팔 티셔츠 입고 오는 경우가 있던데, 가만히 서 있어도 땀이 주룩주룩 흘러내리는 더운 날씨라 하더라도, 그냥 정장을 입고 가세요!

본인은 최대한 단정하게 입고 간다고 할지라도, 면접관의 눈에는 좋지 않은 모습으로 비칠 수 있습니다. 그냥 묻지도 따지지도 말고 정장을 입으세요. 플러스가 되면 됐지, 마이너스가 되진 않을 겁니다.

공부 좀 하고 가세요

제발 자신이 면접 보러 가는 회사에 대해 미리 조사하고 가시길 바랍니다.

아무 생각 없이 면접장으로 향하는 지원자들이 너무나 많습니다. 그 회사에서 어떤 게임을 만들고 있는지, 어떤 게임이 출시되었는지, 시장 반응은 어떤지, 매출은 어느 정도인지, 경쟁사 동향은 어떤지, 최대한 많이 조사하고 알아보고 공부하고 가세요. 그게 자신이 면접 보러 가는 회사에 대한 최소한의 예의입니다.

"우리 회사 게임 어떤 거 해보셨어요?"라고 면접관이 질문을 했는데, 그 회사의 게임 이름 하나 제대로 대답하지 못한다거나, "이 회사에는 무슨 게임이 있나요?"라는 어리석은 질문을 역으로 한다면, 죽을 때까지 그 회사에 발을 들이지 못하게 될 겁니다. 그냥 그 회사에서 만든 게임 두세 개 정도는 만렙 찍고 면접에 들어가야 된다고 생각해주세요.

빈손으로 가지 마세요

본인이 어디에서도 빠지지 않는 괜찮은 이력을 가지고 있는 게 아니라면(아마 대부분 신입사원 분들의 경우, 없다고 봐야겠죠) 절대 빈손으로 가지 마세요. 포트폴리오 준비하세요! 자신이 만든 것들 모조리 다 들고 가서 면접관에게 보여주세요!!

30분에서 한 시간 정도 남짓 되는 짧은 면접시간 동안 자신의 능력을 다 어필한다는 것은 쉬운 일이 아닙니다. 다른 지원자들과 똑같이 빈손으로 와서, 그 짧은 시간 동안 얼마나 자신을 차별화되게 포장할 수 있다고 생각하시나요?

프로그래머라면 〈테트리스〉라도 만들어 가져가서 보여주고, 기획자라면 역기획서라도 하나 훌륭하게 써서 들고 가세요. 사업 담당자라면 시장 현황이라도 분석해가고, 마케팅이라면 그 회사의 게임을 띄울 수 있는 아이디어라도 정리해서 가져가세요.

절대 그래픽 디자이너만 포트폴리오를 들고 가서 보여줘야 한다고 생각하지 마세요!!!

이 세 가지는 굉장히 간단하고 당연해 보이는 것들이지만, 안 하는 분들이 너무나 많습니다. 물론 말처럼 쉬운 것은 아닙니다만, 단언컨대 저것만 잘해도 면접에서 다른 지원자들보다 훨씬 돋보일 수 있습니다.

13 게임회사 면접에서는 어떤 질문들을 물어보나요?

―

게임회사의 면접은 일반적으로 두 가지 타입의 면접으로 구분됩니다. 직무(직군)면접과 인성면접으로 구분되는 이 두 가지 방식의 면접에 대해 설명하겠습니다

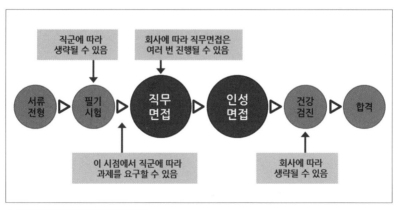

▲ 일반적인 게임회사 채용 진행 과정

직무면접에 대해 먼저 설명하자면, 입사 지원자가 회사에 최종적으로 합격했을 때 일하게 될 팀, 혹은 부서의 팀장/실장급에서 진행되는 면접으로, 일에 대한 실무지식을 얼마나 갖추고 있는지를 알아보기 위한 업무에 대한 심층 면접입니다.

따라서 본인이 어떤 직군에 지원했는지에 따라 나오게 될 질문이 천차만별입니다(직무면접은 회사에 따라 한 번으로 끝내지 않고, 두세 번에 걸쳐 진행될 수도 있습니다).

가령, 프로그램 직군으로 지원을 했을 경우, 다음과 같은 전문 분야에 관련된 질문이 면접에서 주어질 수 있습니다.

- 유니티Unity 3D나 코코스Cocos 2D 엔진을 사용해본 경험이 있는지
- C와 C++의 차이가 무엇인지 알고 있는지
- TCP 방식과 UDP 방식의 차이를 알고 있는지
- 배열Array과 리스트List의 차이점을 정확히 알고 있는지
- 소스를 모듈화하는 목적이 무엇인지
- 모바일 게임을 만들 때, 최소로 요구되는 프레임 수와 드로우 콜이 어느 정도인지 알고 있는지
- 어뷰징 방지를 위해 클라이언트에서 특정 키에 대한 연속입력을 막고자 할 때 어떤 방안이 있는지
- UI 킷kit에 어떤 요소가 있고 어떻게 구성되어 있는지

참고로 프로그래머의 경우 면접 전에 간단한 필기시험을 보거나, 면접 자리에서 간단한 코딩을 요청하는 경우도 있으니 참고하기 바람

니다.

만약 게임사업 직군이라면 다음과 같은 질문이 나올 수도 있습니다.

- 지금 시장에서 가장 인기 있는 게임은 무엇이며, 그 게임의 사업 지표는 어느 정도인지
- 최근 6개월간, 모바일 게임과 온라인 게임의 트렌드가 어떻게 변해왔는지
- PC방 점유율 1%가 매출 비중으로는 어느 정도를 차지하는지 알고 있는지
- 게임이 이탈율을 줄이기 위한 장치로 어떤 것들을 게임에 심을 수 있는지
- 과도한 유료화는 사용자들에게 반감을 살 수 있는데, 이것을 잘 처리한 게임을 알고 있는지
- 우리 회사가 글로벌 사업을 펼칠 때, 어떤 국가에 거점을 두고 진행하는 게 유리할지

면접 전 간단한 과제가 주어지고 과제에 대한 PT가 끝나면 그 내용을 중심으로 면접이 진행될 수도 있으며, 사업지표를 하나 보여준 뒤, 그 지표에서 인사이트를 뽑아낼 수 있는지 테스트를 할 수도 있으니 참고하시기 바랍니다.

간혹 본인의 분야에 대해 열심히 공부했지만, 회사에 다니지 않는 이상 절대로 알 수 없는 정보에 대해 질문이 들어오는 경우가 있습니다.

예를 들어, "지금 온라인 게임 1위를 차지하고 있는 〈리그오브레전

드League of Legend〉의 일매출은 얼마인가?"라는 질문을 받을 수 있습니다.

이런 질문을 받으면 우선 굉장히 당황스러우실 겁니다. 저 회사의 직원이 아닌 이상 매출 정보는 절대로 파악할 수 없으니까요. 하지만, 면접응시생이 이 답을 제대로 하지 못할 것이라는 것은 면접관들도 당연히 인지하고 있습니다.

면접관들은 이 문제에 대한 정확한 답을 기대하는 것이 아니라, 이 문제를 풀어 나가는 면접응시생의 논리적인 추론 과정을 보고 싶어하는 것입니다.

1. 2014년 6월을 기준으로, 현재 온라인 게임시장의 월매출규모는 ○○○○억 원으로 집계된 적이 있습니다.

2. 일반 가정에서 발생하는 게임매출과 PC방 매출의 비율은 ○:○으로 일반적으로 알려져 있습니다.

3. 〈리그오브레전드〉의 PC방 점유율이 일반 가정의 점유율과 동일하다는 것을 전제로 하고, PC방의 경우 사용시간만큼 비용을 지불하게 되어 있으므로 PC방 점유율이 게임시장의 매출비중과 동일하다고 가정을 하면,

4. 게임시장의 월매출인 ○○○○억 원 중, 〈리그오브레전드〉가 차지하는 점유율인 ○○%만큼이 〈리그오브레전드〉의 월매출이라 예상할 수 있습니다.

5. 해당 월매출 액수를 30으로 나누면 일매출규모를 예측할 수 있습니다.

이런 식의 논리적 흐름에 따라 대답을 할 수 있다면 성공적인 답변을 한 것이니, 어떠한 질문이 나오더라도, 절대로 당황하지 말고 침착하게 대답을 해나가길 바랍니다(물론 저 대답을 하기 위해서 게임시장에 대한 공부는 필수적으로 수반되어야 하겠지만요).

자기소개서, 필기시험, 직무면접, 인성면접 등 회사 입사 과정에서 어느 것 하나 중요하지 않은 것이 없지만, 아무래도 직접 팀에 데려와 함께 일할 사람을 뽑는 직무면접관들의 의견이 게임 개발사에서는 그 무엇보다 중요하게 작용하니, 면접응시자 분들이 직무 면접을 맞이하게 되면, 본인이 지원한 직군에 대한 철저한 사전조사/공부를 해가시기 바랍니다.

또한, 본인이 자기소개서에 적었던 경력사항들 위주로 많은 질문들이 갈 것이니, 자기소개서에 썼던 내용들과 관련된 부분도 철저하게 준비해가야 한다는 점을 잊어서도 안 되겠습니다.

다음은 인성면접에 대해 이야기하겠습니다.

인성면접은 일반적으로 최종면접 단계의 전형으로써 본부장, 이사급 정도의 높은 윗분들이, 말 그대로 면접응시생의 인성을 판단하는 것입니다.

- 자신에 대해 간략히 설명해볼 수 있겠는가?
- 자신의 최대 장점이 무엇이고, 그것이 회사에서 어떻게 발현될 수 있겠는가?
- 일을 하다가 상사 혹은 동료와 인간적인 트러블이 발생하면 어떻게 할 것인가?
- 자신이 한 개의 프로젝트를 리드해서 끌고 나가 본 경험이 있는가?
- 왜 우리가 당신을 고용해야 하는가? 우리 회사에 무엇을 해줄 수 있는가?
- 왜 우리 회사에 지원했는가? 우리 회사에게서 무엇을 기대하고 있는가?
- 이 회사에 들어온 뒤 자신의 미래를 어떻게 그리고 있는가?

앞서 직무면접에서 다루어졌던 질문들이 중복으로 나올 수도 있지만, 열정, 의지, 능력, 인간관계, 팀워크, 희생정신, 리더십 등 다양한 방

면과 관련된 질문들이 주를 이룰 것입니다.

질문을 받으면 너무 성급하게 대답하려고 하지 말고, 천천히 머릿속으로 생각을 정리한 다음, 자신감 있는 태도로 딱 부러지게 논리적으로 대답하길 바랍니다. 면접 전형 방법, 진행절차, 질문들이 회사마다 모두 다른 차이점을 가지고 있겠지만, 본인이 지원하는 직무에 대한 확실한 지식을 자신감 있고 예의 바른 태도로, 그리고 논리적으로 이야기할 수 있다면 서로 다른 기준을 가진 회사들에서도 모두 여러분을 선택하게 될 것입니다.

최근의 게임회사 직무면접, 인성면접에서 어떤 질문들이 주어졌는지, 주변의 후배, 동생들, 신입사원들을 통해 알아보았습니다.

전문성이 짙은 분야별 질문들은 제외하고, 공통적으로 나왔던 몇 가지 질문들과 답변에 대해 정리를 해두었으니 면접 준비에 참고하시길 바랍니다.

우리 회사 게임들 중 어떤 게임을 해보았는가?

이 질문은 웬만해서는 한 번씩 꼭 나오는 질문입니다. 본인이 지원한 회사의 게임들은 대부분 다 플레이를 해보고 들어가시길 바라며, 그 중 하나 정도는 깊이 있게 플레이를 해보시기 바랍니다.

질문에 대답하실 때는 "대부분의 게임들을 모두 해보았지만, 그 중 ○○○○ 게임을 재미있게 플레이했고 그 게임의 이러이러한 부분이 매력적이었기 때문에 재미를 느껴 지금도 많이 플레이를 하고 있습니다. ○○○○ 게임의 커뮤니티에서도 활동을 하고 있는데, 실제로 저뿐만 아니라, 다른 유저들도 그 부분에서 차별화된 재미를 느끼고 게임을 즐기고 있는 것으로 알고 있습니다."라고 답하면 좋습니다.

단순히 게임만 플레이한 게 아니라, 커뮤니티를 통해 유저들의 반응을 살필 정도로 적극적으로 관심을 가지고 있었다는 인식을 심어주는 것이죠.

그 게임에서는 어떤 점이 부족하다고 생각하는가?
어떤 면에서 보완이 되면 더 나은 게임이 될 거라고 생각하는가?

이런 질문을 받게 되면, 신나서 게임의 단점에 대해 연설을 하는 지원자들이 있습니다. 자신이 지원하는 회사의 게임을 굳이 깎아 내려서 면접관들의 심기를 불편하게 만들 필요가 없습니다.

"저는 큰 문제없이 게임을 플레이했지만, 간혹 이러이러한 면에서 불편하거나 어려운 부분들이 느껴졌으니 편의성 차원에서 이러한 식으로 보완이 되면 더 좋은 게임이 될 것 같습니다."라는 답변과 함께 "그리고 커뮤니티의 유저들 반응을 살펴보면, 검사 클래스의 밸런스 부분에서 가장 불만이 많은 듯하여 검사 클래스를 경험해보니 실제로 밸런스 차원에서 문제점이 느껴졌습니다. 이 부분을 이러이러한 식으로 수정을 해주면 유저들의 이탈을 방지하는 데 큰 도움이 될 것 같습니다." 정도로 정리해주면 무난한 답변이 되지 않을까 생각됩니다.

본인이 지원한 직무에서 어떤 일을 하는지 알고 있는가?

이 질문도 꽤나 많이 나오는 질문입니다. 하지만, 기획, 프로그램, 그래픽 직군이 아니고서야 정확히 무슨 일을 하는지 답하기 어려운 경우가 많을 것입니다(가령 '서비스 기획 업무'에 지원을 했다면 그게 무슨 일인지 사실 정확하게 설명하기 어려울 것입니다).

그럴 때는 다음과 같은 정도로 답을 해주세요. "주어진 정보만으로 제가 정확한 실무 내용까지 파악할 수는 없었지만, 채용 정보에서 확인했을 때 제가 지원한 직무는 사용자의 피드백을 바탕으로 게임의 완성도를 높일 수 있도록 개발 업무를 지원하는 일을 하는 부서라고 판단했습니다. 저는 게임의 밸런스를 잡아나가는 일을 하고 싶기에, 해당 업무가 저에게 적합하다고 판단을 해서 지원하게 되었습니다."

왜 그 일에 지원을 하게 되었는가?
혹은 왜 자신이 그 일을 잘할 수 있다고 생각하는가?

단순히 이 일이 하고 싶었고, 잘 할 수 있을 것 같다는 식의 모호한 답변은 곤란합니다. 본인의 전공, 혹은 수상경력, 개발 경험 등을 살려서, "과거에 이러이러한 일들을 했었는데, 이 분야에서 내가 가장 큰 역량을 발휘할 수 있었고(이 분야에서 특별한 성과를 만들어냈다면 그 부분도 강조하시는 게 좋습니다) 실제로 일을 하면서도 재미있었기 때문에 이 일이 제 적성에 잘 맞는다고 판단해서 지원을 하게 되었다."라고 구체적으로 답변하시기 바랍니다.

우리 회사에 들어와서 어떤 프로젝트를 담당한다면 잘 할 수 있겠는가?

"어떤 일이라도 시켜만 주시면 열심히 하겠다."라는 답변은 가장 좋지 못한 답변입니다. 앞서 언급되었던 "우리 회사 게임 중 어떤 것을 해 보았는가? / 왜 이 분야에 지원을 하게 되었는가?" 질문과 묶어서 답을 하시면 좋을 듯합니다.

여러 가지 좋은 프로젝트가 있겠지만 "제가 플레이하던 ○○○게임의 라이브서비스에서 이러이러한 점을 개선하는 파트의 일을 맡아서 하면, 제 역량을 최대한으로 발휘할 수 있을 것 같습니다." 정도가 좋은 답변이 되지 않을까 합니다.

왜 우리 회사에 들어오고 싶은가? 여기에서 무엇을 이루고 싶은 것인가?

이 질문을 받게 될 경우, 다른 회사들과 비교해서 본인이 지원한 회사의 장점이 뭔지 잘 파악을 하고 있어야 합니다. 가령 엔씨소프트에 입사지원을 한 경우라면, 아래와 같은 답변 정도를 준비하면 좋을 듯합니다.

"MMORPG 장르의 게임을 굉장히 좋아하기도 하고, 이 장르의 서비스 업무에서 제 역량을 가장 잘 발휘할 수 있을 것이라 생각했습니다. MMORPG를 만드는 많은 게임회사들이 있지만, MMORPG를 가장 잘 만들고 가장 잘 서비스하는 엔씨소프트에서 훌륭한 선배님들과 함께 일을 하고 싶다는 생각을 당연히 가지게 되었습니다. 엔씨소프트의 일원이 되어 회사 생활을 하면서 제가 충분한 경험이 쌓이고 리드급의 인력으로 성장하면, 새로운 프로젝트를 제가 담당하고 싶고, 제 후배들에게도 제가 쌓아 온 지식과 경험을 공유해주고 싶습니다."

프로젝트의 상황에 따라 야근과 주말근무를 많이 해야 할 수도 있다. 이 부분에 대해 어떻게 생각하는가?

이 질문에 대해서는 "무조건 야근하겠다."라는 대답이 좋습니다. 굳이 면접장소에서 야근 안 하겠다는 이야기를 해서 점수를 깎아먹을 이유는 없습니다. 하지만 밑도 끝도 없이 "연애 안 해도 됩니다. 1년 내내 집에 안 가겠습니다."와 같은 과장된 대답은 신뢰를 떨어뜨릴 수 있으니, 아래의 답변 정도로 적당히 둘러 얘기하시길 권장 드립니다.

"당연히 필요하다면 언제라도 야근과 주말근무를 할 각오가 되어 있습니다. 게임 개발과 서비스는 혼자 하는 것이 아니라 몇십, 몇백 명의 사람들이 힘을 모아 진행하는 것이기에, 저 혼자만의 이유로 팀 전체에 피해를 입히고 싶지 않습니다. 정말 야근을 할 수 없는 불가피한 경우가 생기면 미리 상사에게 보고를 드리고, 대안을 찾을 수 있도록 상의를 드리겠습니다."

Q **자신이 원하던 프로젝트, 혹은 직군에 배치 받지 못했을 경우, 어떻게 할 것인가?**

이 질문에는 최대한 긍정적으로 포장을 해서 답변을 하면 큰 문제없을 것입니다.

"제가 원하는 프로젝트에 배정되어 원하는 일만 할 수 있다면 사실 가장 좋을 것입니다. 하지만, 회사 생활이 그럴 수만은 없다는 것을 너무나 잘 알고 있습니다. 누군가는 힘들고 드러나지 않는 일도 해야 되고, 하기 싫은 일도 해야 될 것입니다. 저한테 그런 일이 맡겨지더라도 게임 서비스와 관련된 모든 프로세스를 겪어보는 좋은 경험이라고 생각하고 묵묵하게 임하겠습니다. 게임 서비스는 모든 직무의 일들이 유기적으로 맞물려 있는 일이라고 들었습니다. 나중에 제가 원하는 포지션에 가게 되더라도, 다른 일을 했던 경험들이 분명히 제 역량 상승에 큰 도움이 될 것이라는 생각으로 불평 없이 열심히 업무에 임하겠습니다."

14 연봉협상은 어떻게 하는 것이 좋은가요?

연봉협상, 중요합니다. 사실 직장인들이 회사를 다니는 가장 중요한 이유이죠. 간혹 어떤 회사들을 보면 연봉협상을 할 때, 연봉액수를 올려주는 대신 개발 중인 게임이 성공하면 인센티브를 많이 주겠다든지 연봉 대신 보너스나 복지로 대체해주겠다든지 하는 이야기를 하는 경우가 있는데... 이런 것들 다 필요 없습니다.

무조건 연봉 많이 올려 받는 것이 최고입니다.

게임이 성공하면 인센티브를 많이 주겠다는 말은 "지금은 돈을 많이 못 주겠으니, 게임이 대박나기 전까지는 그냥 입다물고 열심히 일해라."라는 말과 똑같습니다. 인센티브, 성과급, 보너스, 모두 보장되지 않은 금액이고, 확실하지 않은 금액입니다. 직장인 입장에서는 손에 쥐어질 가능성이 확실한 연봉을 인상하는 것이 본인에게 가장 득이 되는 행위입니다.

그리고 게임이 성공하면, 악덕 회사가 아니고서야 연봉협상과 관계
없이 인센티브는 나가게 되어 있습니다. 연봉을 조금 더 올려 받았다고
덜 나가고, 덜 올려 받았다고 더 나가고 하는 일은 없습니다.

상식적으로 본인이 프로젝트에 많은 기여를 했다면 당연히 많은 인
센티브를 받을 수밖에 없겠지요. 오히려 인센티브가 연봉에 비례해서
나가는 경우가 많기 때문에 연봉을 조금이라도 높이는 것이 훨씬 효과
적입니다.

또한, 지금 받게 될 연봉의 액수는 매년 연봉상승률에 영향을 미치
게 되어 있고 (일반적으로, 본인이 현재 받는 연봉에서 10% 인상과 같은 방
식으로 연봉상승이 되곤 하니까요) 이직을 할 때도 계속 영향을 끼치는 부
분이라, 장기적인 관점에서 연봉은 단돈 100원이라도 더 많이 받을 수
있으면 많이 받는 것이 무조건 좋습니다.

자, 이렇게 연봉협상에 대한 이야기를 하고 있지만, 사실 연봉협상에 대한 이야기는 신입사원들에겐 의미 없는 내용일 수 있습니다.

신입사원의 연봉에 대한 테이블은 대부분 확정적으로 정해져 있을 것이고, 최종합격을 하고 나면 협상의 여지없이 곧바로 본인의 연봉 액수가 통보되기 때문입니다.

신입사원 입장에서는 억울하다고 생각할 수도 있겠으나, 이건 어쩔 수 없는 부분인 것 같습니다. 회사 입장에서는 신입사원들이 회사의 경영에 엄청난 기여를 할 것이라고는 기대하지 않기 때문에, 신입사원을 채용하는 것은 장기적인 투자의 개념인 것이지, 바로 사용할 수 있는 인력이 늘어난다고는 판단하지 않기 때문입니다.

따라서 처음 회사생활을 하는 신입사원들에게는 일방적으로 동일한 연봉을 책정해주고, 그 뒤 성과나 역량 상승에 따라 연봉을 인상해주기 마련입니다. 그래서 이번 글에서는 언젠가 여러분이 연봉협상에 돌입했을 때, 자신이 목표하는 수준의 연봉을 받아내기 위한 팁을 하나 알려드리겠습니다.

사실 연봉협상의 방법에 대해서는 게임회사이기 때문에 특별하다거나 다른 점이 있지는 않습니다. 인터넷을 검색하면, 연봉협상을 잘할 수 있는 수많은 노하우에 관련된 글들을 쉽게 찾아볼 수 있고 연봉협상에 관해서만 수십 권의 책이 만들어져 출간될 만큼 다양한 자료를 쉽게 접할 수 있습니다. 예를 들어 다음과 같은 내용 등을 찾아볼 수 있습니다.

- 자신의 가치를 적극적으로 PR하라.
- 동종 업계의 연봉을 파악한 뒤 비슷한 수준으로 올려줄 것을 요구하라.
- 자신이 목표하는 금액보다 높은 액수를 부르고 협상에 돌입하라.
- 본인의 애사심과 열정, 업무 전문성 등을 어필하라.
- 본인이 회사에서 했던 일들을 문서화해서 가지고 가라.
- 자신이 향후 이 회사에 기여할 가능성에 대해서 설명하라.

다양한 팁들이 인터넷에서 떠돌고 있지만, 제가 알려드리고 싶은 것은 딱 한 가지입니다.

본인이 이 회사에 기여한 일을 정확하게 수치적으로 정량화하라!

연봉 협상 자리에서 아무리 본인이 한 일을 어필하고 자신의 가치를 이야기해봤자, 연봉협상을 담당하시는 분께는 와 닿지 않을 것입니다.

"저는 한해 동안 정말 열심히 일했고, 기획서를 50개나 작성했습니다." "저랑 연차가 같은 A사의 직원은 5,000만 원을 받는다고 합니다. 저도 그만큼 올려주세요." "저는 한해 동안 회사에서 무려 6개의 프로젝트에 참여했습니다. 일을 많이 했으니 연봉 올려주세요." 이런 이야기를 아무리 해봐야, 연봉을 왜 올려주어야 하는지에 대한 이유가 되지 않습니다.

본인이 한 일이 얼마나 이 회사의 경영에 기여를 했는지, 왜 자신이 이 정도의 연봉을 받아야 하는지 수치적으로 정확하게 설명을 하는 것이 연봉을 인상시킬 수 있는 가장 좋은 방법입니다.

예를 들어 보겠습니다.

본인이 마케팅 담당자라고 가정하겠습니다.

나는 한 해 동안 A 프로젝트에서 10억의 예산을 써서 100만 명의 사용자를 게임으로 불러왔다. B 프로젝트의 경우 10억의 예산으로, 50만 명의 사용자를 불러오는 데 그쳤다.

나는 똑같은 예산을 가지고, 차별화된 마케팅 전략을 통해 다른 프로젝트의 마케팅의 두 배 이상의 효율을 일으켰으며, 이들이 한 달 동안 게임에서 사용한 금액은 마케팅 예산의 두 배를 상회하는 금액이다. 개발, 사업, 서비스, 홍보 등 A 프로젝트에 한 해 동안 투입된 모든 인력의 비중으로 계산을 하자면, 프로젝트에서 발생한 매출 중, 나의 기여도는 5% 정도라고 생각된다.

그리고 나는 앞으로도 이 정도의 효율을 지속적으로 다른 프로젝트에서도 발생시킬 수 있으므로, 내가 기여한 금액의 10%에 해당하는 ○○○○만 원을 올해 연봉으로 받고 싶다.

본인이 사운드 디자이너라고 가정하겠습니다.

나는 한 해 동안 이 회사의 5개의 프로젝트에 사용될 BGM 20종과 사운드 이펙트 400여 개를 제작했다. 현재 시장에서 사운드 개발을 외주로 맡겨서 처리할 경우, BGM 1종을 제작하는 데 ○○○만 원, 사운드 이펙트 1개를 제작하는 데 ○○○만 원이 필요하다. 내가 제작한 사운드 결과물의 단가를 시장단가에 맞춰 계산하자면, 나는 한 해 동안 ○○○○만 원에 해당하는 작업물을 제작한 것이다.

외주로 처리할 경우, 일반적인 제작단가의 두 배 정도의 가격이 매겨진다는 것을 감안해도 나는 내 연봉의 3배를 상회하는 만큼의 업무를 맡아서 처리했으며, 올해는 이것보다 최소 1.15배 많은 수준의 업무를 해야 할 것으로 예상된다.

따라서 올해는 지금보다 최소 15% 인상된 금액의 연봉을 받고 싶다.

이런 식으로 본인이 했던 일을 분명하게 정량화한 뒤, 회사에 내가 이만큼 기여를 했으니 나에 대한 처우를 이만큼 개선해달라고 요구할 수 있다면 그것이 가장 좋은 연봉 협상 노하우가 될 것이라고 생각합니다.

물론 본인이 한 일을 수치적으로 정량화하기가 어려운 경우도 있을 것입니다. 그럴 경우 동종업계 비슷한 연차의 다른 직원이 어느 정도 수준을 받고 있는지 조사를 할 필요도 있습니다. 해당 직원이 어느 정도의 연봉을 받고 있는데, 나는 그것보다 더 많은 일을 해왔고 회사에 훨씬 많은 기여를 했으니, 더 좋은 연봉을 보장해달라고 주장하는 것이죠.

예를 들어 보겠습니다. 본인이 그래픽 디자이너라고 가정하겠습니다.

나는 한 해 동안 B 프로젝트의 그래픽 디자인 실무를 맡아서 처리했다. 아직 개발 중인 게임이라, 실질적인 매출을 발생시키지는 않았지만, 업계 최고 수준의 그래픽 퀄리티를 뽑아내고 있다는 정성적인 평가를 받아오고 있는 상황이다. 이런 내용은 뉴스 기사나 커뮤니티의 유저 반응에서도 확인할 수 있다.

A사의 C 프로젝트에서 나와 비슷한 일을 하는 연차의 그래픽 디자이너가 ○○○○만 원의 연봉을 받고 있는 것으로 확인했다. 우리 프로젝트는 C 프로젝트와 비슷한 규모의 프로젝트인데도, 더 적은 수의 디자이너들이 비슷한 분량의 업무를 해내고 있다. 본인은 A사의 그래픽 디자이너보다 더 많은 업무량을 더 높은 퀄리티로 쳐내고 있다고 확신할 수 있다. 따라서, 해당 그래픽 디자이너의 연봉인 ○○○○만 원보다 5% 더 높은 금액을 올해의 연봉으로 책정받고 싶다.

본인이 게임 운영자라고 하겠습니다.

나는 한 해 동안 A 프로젝트의 고객대응 운영자로 업무를 맡아왔다. 게임에서 발생하는 고객 문의나 항의에 신속하게 대응을 했고, 게임 커뮤니티, SNS, 까페 등의 운영도 도맡아 했다.

내가 한 일이 직접적인 게임의 매출과 관계는 없지만, 운영을 못하면 유저들이 게임을 곧바로 떠난다는 것을 감안했을 때, 내가 한 해 동안 한 일들이 유저가 게임을 이탈하지 않도록 지속시키는 데 상당 부분 기여를 했을 것이다.

S프로젝트에서 나와 동일한 일을 하는 운영담당자가 ○○○○의 연봉을 받는 것으로 확인되었다. 나는 해당 담당자와 동일한 일을 하고 있고, S 프로젝트의 운영보다 훨씬 더 능숙한 유저 대응을 하고 있다고 생각한다. 일례로, 운영이 미숙하다는 항의 글이 많은 S 프로젝트에 비

해, 내가 담당한 프로젝트에서는 운영에 대한 불만이 30%나 적은 편이다. 게다가, 게임기획자가 놓치고 있는 이벤트 기획이나, 프로모션에 대해 아이디어도 자주 전달하는 편이고 실제로 많이 반영도 되었다.

따라서 S 프로젝트의 운영담당자보다 다소 높은 ○○○○만 원을 연봉으로 받기를 희망한다.

이런 식으로 본인이 회사에 기여한 내용을 수치적으로 풀어서, 연봉 협상 담당자를 설득시킬 수 있다면 막연하게 연봉을 올려달라고 요구하는 것보다 훨씬 좋은 효과를 거둘 수 있을 것입니다.

회사에 처음 입사하신 후, 당분간은 써먹을 일이 없으시겠지만, 위내용들을 잘 기억해 두셨다가, 필요한 순간이 왔을 때 잘 이용해보시기를 권장 드립니다.

Chapter 2

게임회사와
게임시장 이야기

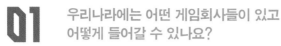

01 우리나라에는 어떤 게임회사들이 있고 어떻게 들어갈 수 있나요?

지금 이 글을 읽고 계신, 게임회사 입사를 희망하시는 분들은 몇 개의 게임회사 이름을 알고 계신가요?

▲ 대한민국의 게임회사 CI

아마 3N쓰리엔이라고 불리면서 10년째 대한민국 게임산업을 좌지우 지하는 세 개의 대형 게임회사(넥슨, 엔씨소프트, NHN엔터테인먼트)를 비 롯해, 몇 개의 유명 게임회사들 이름이 머릿속을 스쳐 지나갈 겁니다. 열 개 이상의 게임회사 이름을 망설임 없이 이야기할 수 있다면 게임 업계에 상당한 관심을 가지고 있다고 볼 수 있을 듯합니다.

그렇다면, 과연 대한민국에는 몇 개의 게임회사가 있을까요?

약 3,000개의 게임 제작/배급 회사가 존재합니다.

엄청나게 많지요? 2012년까지만 해도 1,000개 남짓한 게임회사들 이 존재했지만, 본격적인 스마트폰 시대에 접어들고 모바일 게임시장 이 호황을 맞이하게 되면서 불과 1~2년 만에 2,000개의 게임회사들이 더 생겨나게 된 것입니다. 골프존이나 아프리카TV처럼 전혀 다른 업종 의 회사가 게임시장에 뛰어든 사례도 많아지기도 했고요.

이 3,000개의 게임회사들 중에는 직원 수가 5,000명이 넘는 대기업 게임회사에서부터 직원수가 5명 미만인 벤처 게임회사까지 그 규모도 매우 다양하고, 연매출규모가 1조가 넘는 부유한 회사에서부터 당장 다음 달 월급을 걱정해야 하는 회사까지 실적도 매우 각양각색입니다.

아마 대부분의 게임회사 입사지원자 분들은 후자보다는 전자에서 언급된 크고 안정적이고 좋은 회사에 들어가 자신이 좋아하는 게임을 원 없이 개발하는 그림을 마음 속에 그리고 계실 겁니다(물론 처음부터 "스스로 회사를 차려 내가 만들고 싶은 게임 개발하겠다."라고 외치시는 벤처 정신 충만한 분들도 계시겠지만, 일단은 이런 케이스는 잠시 제외하고 이야기 를 풀어나가겠습니다).

앞에서 언급된 3,000개의 회사들 중, 상위 1%의 회사들이 여러분이 흔히 알고 계시는 유명/대형 게임회사들일 것이고, 상위 3%의 회사들 정도가 중소규모 이상의 안정된 시스템을 갖춘 소위 이 회사에 입사하겠다고 말했을 때, 부모님들이 우려의 눈빛을 덜 보내게 되는 회사들입니다.

그럼 대부분의 입사지원자 분들이 목표로 삼고 있을 대한민국을 대표하는 게임회사들이 어느 곳인지 한번 간단하게 알아보겠습니다.

참고로, 불과 2~3년 전까지만 해도, 온라인 게임을 대표하는 회사, 모바일 게임을 대표하는 회사, 콘솔 게임을 대표하는 회사와 같은 식으로 대표 게임의 플랫폼을 기준으로 회사를 분류하고는 했지만, 최근에는 모바일 게임이 핵심 산업으로 급부상하면서 거의 모든 회사들이 모

바일 게임의 영역에 손을 대고 있으며, 한 가지 게임을 PC/모바일/콘솔 등 다양한 플랫폼으로 동시 출시하게 되면서 플랫폼에 의해 회사의 성격을 구분짓는 일이 무의미해졌습니다.

따라서 특별한 구분이나 분류 없이, 어떤 게임회사들이 대한민국 게임산업의 최전방에서 활약하고 있는지 정리하겠습니다.

넥슨

매출 규모로나 타이틀의 수로나 직원 수로나 최고/최대의 위용을 자랑하는 대한민국의 대표 게임사입니다.

〈바람의나라〉, 〈크레이지 아케이드 BnB〉, 〈카트라이더〉, 〈메이플스토리〉, 〈마비노기〉, 〈카운트스트라이커〉, 〈피파 온라인3〉 등 온라인 자체 개발작으로 2000년 초반에 큰 성공을 거두었고, 그 뒤에는 〈서든어택〉, 〈던전앤파이터〉, 〈아틀란티카〉를 각각 개발한 게임하이, 네오플, 엔도어즈 등 대한민국의 대표 중소게임사들을 줄줄이 인수/합병하며 성장세를 이어나갔습니다.

한동안 자체 개발작의 성공이 멈칫한 채, 인수/합병만으로 몸집을 키워왔기에 곱지 않은 시선들도 내외적으로 많았지만, 최근에는 〈영웅의 군단〉과 같은 모바일 대작 타이틀들이 큰 성공을 거두며 회사의 이름에 걸맞는 위용을 보여주고 있습니다. 온라인, 모바일, 국내시장, 해외시장을 가리지 않고 개발과 퍼블리싱 사업을 공격적으로 추진하고 있기에, 게임회사 입사지망생 분들이 가장 눈여겨 봐야 할 회사이기도 합니다.

참고로 넥슨코리아, 넥슨아메리카, 넥슨유럽이 모두 일본에서 상장한 넥슨재팬의 자회사로 되어 있기 때문에 "넥슨은 일본회사가 아니냐"라는 이야기도 종종 나오지만, 넥슨 재팬의 지분을 50% 이상 소유하고 있는 지주회사 NXC는 한국 회사이므로, 그렇게 생각하지는 않아도 될 것 같습니다.

▶ 채용페이지: https://career.nexon.com/

▲ 넥슨의 대표 게임들 (출처: 넥슨 공식 홈페이지 http://www.nexon.com/)

엔씨소프트

MORPG의 명가라고 불리는 대한민국 최고의 게임회사입니다.

〈리니지〉, 〈리니지2〉, 〈블레이드앤소울〉, 〈아이온〉, 〈길드워〉 등의 대표 MMORPG 타이틀이 10년이 넘게 굳건히 팬덤을 형성하고 있으며, 이 소수의 타이틀만으로 '대한민국 최고'라는 칭호를 획득하게 되었습니다.

특히 엔씨소프트의 대표 IP인 〈리니지〉 시리즈의 경우, 오픈한 지 10년이 훨씬 넘었는데도, 아직도 엔씨소프트 전체 매출의 상당 부분을 차지하고 있으며 해가 지날수록 매출이 줄기는 커녕 늘어나고 있을 정도로 대단한 게임입니다.

그리고 앞으로 〈리니지이터널〉이라는 새로운 대작 MMORPG가 오픈 예정에 있어 현재의 라인업에 힘을 실어줄 예정입니다. 다른 회사들과는 달리 모바일 게임 개발에는 가장 소극적인 모습을 보여주었지만, 〈블레이드앤소울〉을 TCG 게임으로 개발하면서 본격적으로 모바일 게임 판 진출을 꾀하고 있는 중입니다.

▶ 채용페이지: https://recruit.ncsoft.net/korean/careers/adoption_intern.aspx

▲ 엔씨소프트의 대표게임 〈리니지〉와 〈블레이드앤소울〉 (출처: 엔씨소프트 공식 홈페이지 http://ncsoft.com/)

NHN엔터테인먼트

NHN엔터테인먼트라는 긴 이름보다는 '한게임'과 '토스트' 브랜드로 기억하고 있을 것입니다.

포커, 고스톱 등 중장년층의 굳건한 지지를 바탕으로 웹보드 게임 장르에서 절대적인 우위를 선점하고 있는 게임회사입니다. 원래는 네이버와 한 회사였지만, 2013년 공식적으로 법인을 분리하고 순수 게임 회사로 포지셔닝을 다시 하게 되었습니다.

〈위닝 일레븐 온라인〉, 〈에오스〉, 〈테라〉, 〈데빌리언〉, 〈야구9단〉, 〈풋볼데이〉 등의 대형 온라인 게임과 더불어, 〈포코팡〉, 〈쿠키런 문질문질〉, 〈와라 편의점〉, 〈가디언스톤〉, 〈우파루마운틴〉, 〈우파루사가〉, 〈피쉬 아일랜드〉, 〈전설의 돌격대〉, 〈러브라이브〉, 〈이너월드〉, 〈골든글러브〉 등 다수의 모바일 게임 히트작을 출시하고 있으며, 모바일 메신저 라인LINE 을 통해 서비스한 〈라인팝〉, 〈라인버블〉, 〈라인 디즈니 츠무츠무〉도 일본 시장에서 좋은 성적을 거두고 있습니다. 온라인과 모바일, 자체 개발과 퍼블리싱 사업이 균형을 이루며 좋은 성과를 보여주고 있습니다.

참고로, NHN엔터테인먼트는 데이터 보안 솔루션 업체인 '피앤피시큐어' 관람권 예매사이트 '티켓링크' '취업포털' '인크루트'등을 연이어 인수하고, 온라인 마케팅 회사 'NHN엔터테인먼트 AD'를 설립하는 등 게임 외적인 부분으로의 사업을 다각화해나가고 있는 중입니다.

▶ 채용페이지: http://recruit.nhnent.com/index.jsp

▲ NHN엔터테인먼트의 인기 게임 〈포코팡〉, 〈에오스〉, 〈골든글러브〉, 〈피쉬아일랜드〉 (출처: NHN엔
터테인먼트 공식 홈페이지 http://www.nhnent.com/)

넷마블게임즈

'넷마블' 브랜드로 유명한 게임회사입니다. 넷마블의 경우 온라인 게임
에서는 〈서든어택〉을 제외하고는 크게 주목을 받은 타이틀이 없었지
만, 모바일 시대에 들어오면서 잠재력이 대폭발한 케이스입니다.

〈몬스터 길들이기〉, 〈모두의 마블〉, 〈마구마구〉, 〈차구차구〉, 〈다함
께 차차차〉, 〈다함께 던전왕〉, 〈다함께 나이샷〉, 〈다함께 붕붕붕〉, 〈세
븐나이츠〉, 〈드래곤가드〉 등 압도적으로 많은 히트작을 쉬지 않고 밀어
붙이며, 가장 빠르고 크게 놀랄만큼 성장했습니다. 자회사의 자체 개발
작과 퍼블리싱 게임이 잘 조화를 이루고 있는 회사입니다.

게임빌과 컴투스

앞서 언급한 회사들이 온라인과 모바일 게임을 모두 아우르고 있는 것에 반해, 게임빌과 컴투스는 모바일 게임 1세대로 시작해 모바일 게임 분야의 한 우물만을 꾸준하게 파온 대표 게임회사입니다.

한때는 두 회사가 모바일 게임시장에서 1, 2위를 다투고 있었지만, 앞서 언급한 대기업 게임회사들이 모바일 시장에 본격적으로 들어오면서 그 위상이 많이 약화되기도 했었습니다.

결국 게임빌은 2013년 11월 컴투스의 지분을 인수하면서 컴투스의 최대주주가 되었고, 사실상의 게임빌-컴투스 합병이 이루어지게 되었습니다. 그 이후, 두 회사는 통합 플랫폼을 개발하고 수많은 양사의 타이틀끼리 크로스 프로모션을 실시하면서 글로벌에서 그 위력을 발휘하기 시작했습니다.

〈별이 되어라〉, 〈크리티카〉, 〈서머너즈 워〉, 〈낚시의 신〉, 〈이사만루〉,

〈컴투스 프로야구〉, 〈골프스타〉, 〈타이니팜〉, 〈드래곤 기사단〉 등 많은 히
트작들을 쏟아내며 글로벌 모바일 게임시장의 강자로 자리잡았습니다.

▶ 게임빌 채용페이지: http://corp.gamevil.com/sub.gamevil?page_

d=recruit&page_p=info

▶ 컴투스 채용페이지: http://www.com2us.com/kr/company/re cruit.asp

▲ 컴투스와 게임빌에서 출시한 인기 게임들 (출처: 컴투스, 게임빌 통합 플랫폼 'HIVE' 공식홈페이지 http://
www.withhive.com/)

네오위즈

'피망' 브랜드를 가지고 있는 회사입니다. 〈피파온라인2〉와 〈스페셜포
스〉를 서비스하며 한때는 넥슨, 엔씨소프트, NHN엔터테인먼트와 더불
어 4N이라고 불리기도 했습니다.

하지만, 〈피파온라인3〉의 서비스가 넥슨으로 넘어가게 되고, 모바
일 시장에서 경쟁사들만큼 확실한 포지셔닝을 잡지 못했기 때문에 과

거의 명성에 비해서는 조금 기세가 약화되어 있는 상황입니다.

중국 시장에서 초대박을 이룬 퍼블리싱게임 〈크로스 파이어〉와 현재 개발 중인 대형 MMORPG 〈블레스〉의 서비스를 통해 다시금 시장에서의 입지를 굳히려고 준비를 하는 중입니다.

▶ 채용페이지: http://www.neowizgames.com/recruit/recruit.do

위메이드엔터테인먼트

〈이카루스〉, 〈로스트 사가〉 등 온라인 게임도 서비스를 하고는 있지만, 2012년부터 사실상의 모바일 게임 전문 회사로 완벽하게 체질 개선을 한 케이스입니다.

〈캔디팡〉, 〈윈드러너〉, 〈에브리타운〉, 〈아틀란스토리〉, 〈바이킹 아일랜드〉 등 초반에 많은 히트작들을 쏟아내며 순식간에 모바일 게임시장에서 자리를 잡았습니다. 하지만, 그 뒤 〈윈드러너2〉, 〈로스트판타지〉, 〈신무〉, 〈아크스피어〉 등의 대작 타이틀들이 기대에 조금 못 미치는 성과를 기록하면서 살짝 기세가 꺾여 있는 상황입니다. 하지만, 좋은 타이틀을 워낙 많이 보유하고 있으니 언제라도 다시 한 번에 정상으로 올라올 수 있는 잠재력을 충분히 지니고 있는 회사입니다.

▶ 채용페이지: http://jobs.wemade.com/recruit/main.asp

아이덴티티게임즈, 액토즈소프트

아이덴티티게임즈는 〈드래곤 네스트〉, 〈던전스트라이커〉 등의 온라인 게임을 개발한 업체입니다. 액토즈소프트는 〈미르의 전설〉, 〈A3〉로 유명한 회사이지요.

액토즈소프트는 일본회사 스퀘어에닉스에서 개발한 〈밀리언 아서〉의 국내 판권을 획득해, 이 타이틀 하나로 한 때 국내 모바일 게임시장에서 확고한 위치를 차지하기도 했습니다.

두 회사를 같이 묶어서 설명하는 이유는 두 회사 모두 중국 회사인 '샨다'에게 인수가 되어 형제 회사가 되었기 때문입니다. 이러한 관계 때문에 아이덴티티게임즈에서 개발한 〈드래곤 네스트〉, 〈던전스트라이커〉는 각각 넥슨과 NHN엔터테인먼트에서 서비스되다가, 액토즈소프트에게로 서비스가 이전되었습니다.

▶ 아이덴티티게임즈 채용페이지: https://www.eyedentitygames.com/career/career01.asp

▶ 액토즈소프트 채용페이지: http://www.actoz.com/

스마일게이트

네오위즈에서 퍼블리싱한 〈크로스파이어〉라는 FPS 게임을 개발한 게임회사입니다. 그 엄청난 중국시장에서 국민 게임으로 등극하게 되면서 매출 규모만으로 대한민국에서 손에 꼽히는 대형 게임사로 순식간에 올라서게 되었습니다.

꽤 긴 시간동안 〈크로스파이어〉 이후 후속작이 나오지 않고 있는 상황이지만, 내부 스튜디오를 통해 진행된 자체 개발한 온라인 게임들이 조만간 공개가 될 예정이라고 합니다.

또한, 자회사인 '팜플Pample'을 통해 〈데빌메이커〉, 〈영웅의 품격〉,

〈원티드〉 등의 모바일 게임을 출시해 시장에서 좋은 성과를 거두고 있으며, 모바일 게임에서도 자체 개발을 꾸준하게 진행하고 있는 상황입니다. 참고로, 스마일게이트는 〈애니팡〉을 개발한 선데이토즈의 최대 지분을 보유하고 있는 대주주이기도 합니다.

▶ 채용페이지: http://www.smilegate.com/ko/recruit/rightpeople.asp

▲ 스마일게이트의 대표게임 〈크로스파이어〉 (출처: 스마일게이트 〈크로스파이어〉 공식홈페이지 http://www.crossfire.co.kr/)

조이시티

최근에는 점점 모바일 쪽으로 힘이 실리고는 있지만, 그래도 온라인과 모바일을 고르게 소화하고 있는 국내의 몇 안 되는 회사 중 하나입니다. 〈프리스타일〉 시리즈를 통해 온라인 게임에서 확고한 브랜드를 확립하였고, 모바일에서는 국민 게임이었던 〈룰더스카이〉를 시작으로 〈정령의 날개〉, 〈달과 그림자〉, 〈룰더삼국〉, 〈룰더주〉 등의 타이틀을 보유하고 있습니다.

▶ 채용페이지: https://corp.joycity.com/recruit/recruit/RecruitList.do

지금까지 설명한 게임 회사 외에도 다음과 같은 회사가 있습니다.

- 〈스페셜포스〉 시리즈로 유명한 드래곤플라이
- 〈아키에이지〉를 개발한 송재경사단의 XL게임즈
- 〈그라나도에스파다〉, 〈오디션〉을 서비스하는 한빛소프트
- 〈뮤〉, 〈SUN〉 등의 MMORPG로 유명한 웹젠
- 〈이너월드〉, 〈마그나카르타〉, 〈창세기전〉 시리즈의 소프트맥스
- 〈블레이드〉, 〈활〉, 〈수호지〉 등의 서비스를 통해 모바일 게임시장에서 확고하게 자리를 잡은 4:33
- 〈쿠키런〉 시리즈의 데브시스터즈
- 〈애니팡〉 시리즈의 선데이토즈
- 〈아이러브스쿨〉, 〈아이러브파스타〉를 개발한 파티게임즈
- 〈아케인소드〉, 〈더소울〉을 개발한 엠씨드
- 〈버즐〉 시리즈로 국내보다 해외에서 더 유명한 엔필

본문에서 모두 언급하지 못한 많은 게임회사들이 대한민국의 막강한 게임시장을 지탱하고 있습니다. 그리고 모든 게임회사들은 회사의 홈페이지에서 신입사원 채용과 경력사원 채용을 진행하고 있으므로, 관심 있는 회사의 채용 페이지에 들어가서, 언제 채용을 진행하는지, 어떤 인력을 모집하고 있는지, 해당 회사에 들어가려면 어떤 능력을 필요로 하고 있는지 주기적으로 확인하면서 준비하길 바랍니다.

부디, 대한민국 게임산업의 최전방에서 활약하는 게임회사의 일원이 되어 언젠가 여러분과 만나게 되는 그 날을 기대하고 있겠습니다!

02 우리나라 게임회사의 연봉은 어느 정도인가요?

___

게임회사 입사 지망생들이 가장 궁금해 하는 것이 바로 게임회사의 연봉입니다.

돈은 실력에 따라 지급되는 것이니, 연봉은 신경 쓰지 마시고 일단 본인이 원하는 회사에 들어갈 수 있는 능력을 키우시는 데 집중하라고 말씀을 드리고 싶습니다만, 입사 지망생들에게 이런 이야기는 전혀 와 닿지 않을 것이고, 차라리 확실하게 돈에 대해 한번 이야기를 하는 것이 흔들림 없는 목표를 설정하는 데 도움이 될 듯하더군요.

우선, 2013년 기준, 금융감독원 전자공시 시스템 게임회사 연봉자료를 한번 보시죠. 수많은 매체에서 각기 다른 형태로 정리를 해두었지만, 「게임조선」에서 가장 잘 정리를 해두었다고 판단되어 해당 기사를 바탕으로 재정리했습니다.

회사 이름	사내이사	사내이사 1인당 평균연봉	본사직원 (자회사/계열사 제외)	본사직원 1인당 평균연봉
NHN (한게임)	4명	23억 9000만원	2,495 명	7,600 만원
엔씨소프트	2명	22억 7000만원	2,288 명	7,000 만원
네오위즈 (피망)	4명	3억 6500만원	900 명	6,100 만원
한빛소프트	3명	9200만원	118 명	5,200 만원
드래곤플라이	3명	2억 6500만원	282 명	5,100 만원
CJ E&M (넷마블)	4명	3억 4500만원	2,005 명	4,900 만원
KTH	5명	2억 7900만원	523 명	4,600 만원
액토즈소프트	1명	1억 8000만원	126 명	4,400 만원
게임빌	3명	2억 1200만원	178 명	4,000 만원
게임하이	3명	1억 3000만원	248 명	3,600 만원
바른손게임즈	4명	7700만원	161 명	3,500 만원
와이디온라인	3명	7300만원	152 명	3,500 만원
컴투스	3명	1억 6900만원	534 명	3,300 만원
라이브플렉스	3명	1억 900만원	236 명	3,300 만원
YNK코리아	2명	7000만원	63 명	3,300 만원
위메이드	5명	5억 6700만원	803 명	3,200 만원
엠게임	5명	1억 3400만원	185 명	3,200 만원
웹젠	5명	1억 6400만원	495 명	3,100 만원
JCE	2명	1억 3800만원	363 명	3,000 만원

▲ 게임회사별 연봉 (출처: 「게임조선」 기획기사 http://www.gamechosun. co.kr/article/view.php?no=99910)

연봉자료를 보신 뒤, "우와~ NHN이랑 엔씨소프트는 돈 많이 주네!! 이제 안심하고 내 목표를 게임회사로 정해야겠다!!"라고 생각하는 분들이 분명히 많이 계실 겁니다. 일단 그런 생각을 하시기에 앞서, 위 표를 보실 때 참고해야 할 몇 가지 사항을 이야기하겠습니다.

1. 표에서 정리된 금액이 곧바로 연봉계약서에 쓰여진 금액이라고 생각하면 곤란합니다. 위 표의 금액에는 월급 외에도 인센티브, 보너스, 퇴직금, 식대, 야근비 등 각종 수당이 포함된 연간

지금 총액일 수도 있기 때문입니다(회사마다 급여 책정 기준이 조금씩 다르기 때문에 포함된 회사도 있을 것이고, 포함되지 않은 회사도 있을 것입니다).

2. 표에서 정리된 NHN은 네이버와 NHN엔터테인먼트(한게임)이 분리되기 전, 하나의 회사일 때의 금액입니다. 두 회사가 분리되고 난 후, NHN엔터테인먼트의 평균급여는 기존과 달라졌을 수도 있습니다. 넷마블 역시, 현재는 CJ계열사에서 독립해서 넷마블게임즈라는 회사로 사명이 변경되었습니다. 이에 따라 급여 내용도 많이 달라졌을 수 있습니다.

3. 표에서 정리된 연봉은 말단 직원부터 사장님, 회장님까지 모든

회사의 임직원이 받는 금액을 직원 수로 나눈 것이기 때문에 모든 직원이 저 액수를 받는다고 생각하면 절대 안 됩니다. 예를 들어, 2013년 게임업계에서 가장 많은 연봉을 받은 임원은 NHN엔터테인먼트 이준호 회장으로 약 22억을 받으신 것으로 알려졌습니다. 연봉 22억을 받는 사람 한 명과 연봉 3,000만 원을 받는 사람 50명의 평균연봉을 계산하면, 평균연봉 7,400만 원이 나오는 것입니다.

그리고 대부분은 신입사원이 처음 회사에 들어갔을 때 받게 되는 초봉의 액수가 가장 궁금하실 텐데요.

앞에서 정리된 평균연봉은 회사의 중간직책인 과장 직급의 연봉이라고 보시는 것이 가장 현실적이라고 생각합니다. 보통 과장까지 진급하는 데 7년 정도가 소요되고, 매년 10% 정도의 연봉이 인상된다고 가정하면, 표에서 제시된 연봉의 절반 정도가 신입사원의 초봉이라고 생각하면 될 듯 합니다(연봉이 매년 10%씩 오른다면, 7년 후에 연봉이 두 배가 되는 것이 일반적인 직장인 계산법이거든요).

신분을 밝힐 수 없는 모 스카우트 기업 이사님의 이야기에 따르면 대기업으로 분류되는 상위 게임회사의 경우, 신입사원 초봉이 3,000만 원대 중반 정도부터 시작하고, 상여금을 포함해 1년간 받게 되는 액수는 4,000만 원 중반~5,000만 원 정도라고 보면 적절하다고 합니다.

아무튼 앞의 연봉자료가 절대적인 기준이라고 말씀드릴 수는 없지만, 게임회사의 연봉 규모를 가늠하는 데는 분명히 참고가 될 겁니다.

덧붙여 이야기하자면 회사의 총 매출을 전체 직원수로 나눈 1인당 매출액이 높을수록 일반적으로 직원들의 연봉이 높기 마련입니다. 1인당 매출액이 높으면 회사가 순이익이 많이 남을 테니, 당연히 직원들의 연봉도 높게 책정을 해주겠죠(1인당 매출액이 엄청 높은데도 평균 연봉이 낮다면, 연봉이 상대적으로 낮은 신입사원들의 수가 어마어마하게 많거나, 회사가 돈은 많은데 직원들한테 베풀지 않는다라는 의미입니다).

따라서 회사의 연봉 규모, 혹은 직원에 대한 처우를 가늠하는 데 참고하라고, 2013년 게임회사 1인당 매출액 상위권에 대한 정보도 추가로 정리해두겠습니다.

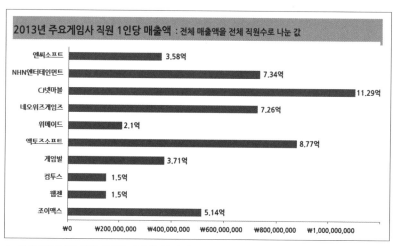

▲ 주요 게임사의 직원 1인당 매출액 (출처: 뉴스토마토 기획기사 http://www.newstomato.com/ReadNews.aspx?no=457060)

1위는 모바일 시장의 절대강자로 올라선 CJ넷마블(넷마블게임즈)이 차지했고, 2위는 액토즈소프트가 8억 7,700만 원으로 그 뒤를 이었네요. NHN엔터테인먼트와 네오위즈게임즈는 각각 7억 3,400만 원과 7억 2,600만 원을 기록했으며, 엔씨소프트는 3억 5,800만 원을 나타냈습니다. 기사에 따르면 NHN엔터테인먼트는 지난해 8월 1일 분사해, 이전 실적 감사자료가 없는 관계로 KDB대우증권의 2013년도 실적 예상치를 참고해 계산했다고 합니다.

앞서 말씀드렸지만, 대한민국에는 게임회사가 3,000개 가까이 있습니다. 여러분이 보신 연봉자료는 상위 1%에 속하는 게임회사들의 연봉자료입니다. 실제로, 지난해 8월 게임개발자연대가 조사한 '게임산업종사자 근무 환경 실태 보고서'에 따르면 설문에 참여한 게임업계 종사자들의 연봉은 2,000만 원 미만부터 1억 원 이상까지 편차가 컸다고 합니다. 설문조사에 참여한 사람들 중, 3분의 2가 넘는 71%의 연봉이 4,000만 원 이하였다고 하는군요.

여기까지 글을 읽고, "아, 상위 1%의 회사에 들어가지 못하면, 연봉을 많이 받지 못하겠구나."라고 생각하면서 좌절할 수 있겠지만, 그건 비단 게임회사만의 일이 아닙니다.

어느 업계로 가더라도 상위 1%의 회사에 들어가면 돈을 많이 받으면서 다닐 수 있고, 그렇지 않으면 연봉도 적고 고생도 많이 하면서 회사를 다니게 됩니다.

제가 말씀드리고 싶은 것은, 본인이 능력을 키워서 좋은 게임회사에 들어갈 수 있다면, 어느 업계 못지 않게 좋은 대우를 받으면서 지낼 수 있으니 돈에 대한 걱정은 그만 하시고, 본인의 능력을 연마하는 데만 집중하셨으면 한다는 겁니다.

당연하고 너무 치루한 소리 같기는 하지만, 목표를 위해 노력하다 보면, 그에 따른 보상은 분명히 따라오게 되어 있습니다. 절대 보상을 바라보면서 목표를 설정하지 않기를 바랍니다.

03   우리나라 게임회사의 복지는 어느 정도인가요?

연봉 정보에 대한 연장선상에서 이번에는 대한민국 메이저 회사 몇 군데의 복지정책을 정리해보겠습니다. 각 회사마다 복지정책의 특장점이 있으니 확인해보시기 바랍니다.

이번 글에서 정리된 복지정책의 많은 내용들은 꿀위키(http://www.ggulwiki.com)의 내용을 토대로 작성했습니다. 꿀위키, 회사 홈페이지, 게임 관련 커뮤니티에서 언급되어 있는 복지정책을 모두 수집해 정리한 뒤, 해당 회사의 직원들에게 최종 확인 작업을 거쳐 작성된 글입니다. 꿀위키(http://www.ggulwiki.com) 사이트에 가시면 더 많은 회사들의 정보가 실시간으로 업데이트되고 있으니 참고하기 바랍니다.

엔씨소프트

- 웬만한 대기업 이상 가는 수준의 복지
- 삼성동 테헤란로에 본사가 있고, 판교의 신사옥으로 직원 대부분이 이전한 상태. 본사보다 대지면적이 5배 넓고, 판교에서 가장 큰 랜드마크로서의 건물 위용을 자랑하고 있음
- 연간 180만 원 복지비 지급. 야근비, 교통비, 외근비, 출장비, 경조사비 지급
- 점심과 저녁 무료제공
- 저리대출 가능(5,000만 원, 2.5% 이자)/전세자금 대출/생활안정자금, 의료비, 치과보험 지원

▲ 엔씨소프트 사옥 (출처: 엔씨소프트 공식 홈페이지 http://ncsoft.com/)

- 엔씨 카페 있음/카페테리아 음료 1500원선, 모든 자판기 음료는 200원
- 도서관 있음/만화책, 영화, 애니, 디자인 등 각종 아트북 보유
- 회사콘도 지원/피트니스 센터 보유/어린이집 있음/회사 안에 웬만한 대중목욕탕보다 좋은 스파가 있음
- 야구 구단(NC 다이노스)을 보유하고 있음

넥슨

- 모회사인 NXC는 제주도에 있고, 넥슨코리아 본사는 판교에 있음
- 매년 복지비용 181만 원 지급(181만 원인 이유는 엔씨소프트가 180만 원을 주기 때문에 그것보다는 많이 주겠다는 취지에서)
- 교육과 관련된 행사를 많이 후원(특강, 스터디, 동호회비 지원)
- 개발 관련 컨퍼런스나 행사를 회사가 많이 주최하기도 함. 넥슨에서 주최하는 개발컨퍼런스 NDC^{Nexon Developers Conference}는 국내에서 KGDC와 함께 가장 큰 게임개발컨퍼런스임. NDC 우수세션으로 뽑히면 해외 유명 컨퍼런스를 회사 비용으로 보내줌
- 매달 넥슨캐쉬 3만 원 지급/근속 3, 6, 9년에 보너스 지급/매년 Yes24 코인 30만 원 지급
- 저리대출 가능(3,000만 원)
- 밤 9시 반 이후에 퇴근 시 저녁식대 제공/밤 11시 이후 퇴근 시 택시비 지급
- 회사 보유 콘도 지원/수면실 보유/어린이집 보유

- 넥슨다방이라 불리는 카페테리아 포인트 월 3만 원 제공/카페테리아 음료 1,500원선

▲ 넥슨 사옥 (출처: 넥슨 공식 홈페이지 http://www.nexon.com/)

NHN엔터테인먼트

- 판교에 본사 건물인 플레이 뮤지엄이 있음. 세계 3대 디자인상인 iF 디자인 어워드에서 수상작으로 선정될 만큼 디자인이 훌륭한 건물임
- 가장 게임회사스러운 자유롭고 활발한 분위기가 조성되어 있다고 알려져 있음
- 네이버와 분할 이후 복지가 많이 변경되긴 했지만, 국내 대기업과 비교해도 뒤지지 않는 복지 수준을 자랑함
- 직원뿐만 아니라 배우자와 자녀들의 의료비 실비를 거의 전액 지원하는 상해보험 혜택이 있음

- 야근비. 심야 교통비, 외근비, 경조사지원비, 주말근무 교통비, 비상근무비 등 다양한 대외비용 지급. 야근비와 주말근무비가 타회사에 비해 높은 것으로 알려져 있음
- 아침, 점심, 저녁, 야식을 모두 무료로 제공
- 회사 카페테리아 음료 700원/자판기 음료 200원선
- 회사 콘도 지원/피트니스 센터 보유
- 회장님이 자전거를 좋아하셔서 자전거 주차장이 따로 있음. 직원들에게 100만 원이 넘는 자전거를 사준 적도 있다고 하며, 자전거 주차장에서는 정비까지 무료로 봐준다고 함
- 무이자 주택대출(정확히는 회사가 이자를 대납)
- 한 달에 한 번씩 5시에 퇴근 가능

▲ NHN엔터테인먼트 사옥 (출처: NHN엔터테인먼트 공식 홈페이지 http://www.nhnent.com/)

네오위즈

- 본사는 모든 게임회사들이 모여 있는 판교에 있음. 자회사들도 모두 한 곳에 위치

- 2013년부터 복지가 줄어들고 있는 추세(복지 비용 제도 폐지 / 셔틀버스 폐지)

- 생일(가족포함) 2만 원 상품권 제공/명절 선물 10만 원 정도로 제공

- 야근 수당은 없음, 휴일 근무 시 휴가를 1일 추가해주는 형태로 휴일 근무에 대한 혜택을 운영

- 저녁 구내식당 무료

- 3년에 한 번 2주간 리프레시 휴가, 결혼휴가 10일/출산휴가 여성 4달, 남성 5일

- 매달 피망 게임 서비스 아이템 또는 게임머니 지원

- 한 달에 한 번, 마지막 주 금요일은 '패밀리 데이'로 지정하고 2시간 일찍 퇴근 가능함

웹젠

- 모든 메이저 게임회사들이 그렇듯, 웹젠 본사도 판교에 있음

- 휴일근무수당이 교통비 명목으로 지급됨. 하지만, 사전에 근무명령서를 받아야 하는 다소 번거로운 절차가 있음

- 설/추석 10만 원 상품권 지급

- 3, 5, 8년 근속할 때마다 휴가3일 + 100만 원, 10년 근속 시 휴가 5일 + 300만 원 지원

- 회사 카페테리아 음료 700원/자판기 음료 200원선
- 북카페가 있음. 비치된 책들을 카페테리아에서 읽을 수도 있고 대출로 빌려갈 수도 있음
- 야근 시 저녁식사 제공, 사원증 찍고 지정 식당에서 먹어야 됨. 11시 이후 퇴근 시 콜택시 제공
- 음료수 일괄 700원(개인컵 가져오면 500원)
- 스쿼시룸 보유, 배드민턴이나 탁구도 가능
- 생일이 있는 달에 회사 근처에 있는 파리바게뜨에서 장부에 이름 적고 3만 원어치 빵/케익을 살 수 있음. 생일 당일엔 조기 퇴근

▲ 웹젠 사옥 (출처: 웹젠 공식 홈페이지 http://company.webzen.com/)

스마일게이트

- 스마일게이트 역시, 본사와 자회사 모두 판교에 모여 있음
- 매년 150만 원의 복지비를 포인트로 지급. 복지카드를 만들어서 현금처럼 사용 가능
- 회사 콘도 지원
- 중식 무료로 제공/9시까지 야근 시 식대 만원 지급(식사 후 영수증 제출)
- 9시까지 야근 시 다음날 9시 30분까지 출근. 10시 30분까지 야근 시 10시까지 출근/11시 30분까지 야근 시 택시 이용 가능
- 저리대출 3,000만 원 가능/특허 출원 시 보상금 지원

▲ 스마일게이트 사옥 (출처: 스마일게이트 공식 홈페이지 http://www.smilegate.com/)

위메이드엔터테인먼트

- 위메이드엔터테인먼트의 본사 역시 판교에 있음
- 선택적 복리 후생 제도 복지포인트 지원 지급(입사하면 기본 90만 원이고, 연차랑 부양가족에 따라서 추가 지급)
- 명절 보너스 10만 원 상품권 지급
- 외국어 교육 지원/학원비 지원/사내 동호회 지원
- 야근 시 저녁식대 제공/밤 11시 이후 택시비 지급
- 회사 콘도 지원/수면실 보유
- 엄청나게 넓은 사내 카페테리아가 있음. 음료 무료. 하지만, 컵은 제공하지 않음. 자기 컵이 있어야 함

일단은 이 정도로만 정리하겠습니다. 사실 여기 정리된 것 외에도 좋은 복지를 제공하는 회사가 더 많이 있을 것입니다.

회사 홈페이지를 들어가보면, 자사의 복지정책에 대해 장황하게 써둔 회사가 있다면 복지정책에 자신이 있다는 뜻이고, 그렇지 않으면 다른 회사보다 조금 부족한 부분이 있기 때문에 언급을 안하고 있다고 생각하셔도 되지 않을까 싶습니다(재미없는 영화는 개봉 전 시사회를 안 하는 패턴이랑 비슷한 이유라고나 할까요?).

복지가 회사나 자신의 목표를 결정하는 기준이 되어서는 안 되겠지만, 그래도 삶의 질을 위해 무시할 수 없는 부분이니 참고하시길 권합니다.

복지란 것은, 말 그대로 회사가 직원들의 삶을 질을 높이기 위해 급여 외에 제공하는 혜택입니다. 따라서 회사의 경영 상태에 의해, 언제든지 확대될 수도 축소될 수도 있는 것이니 복지만을 기준으로 회사의 좋고 나쁨을 판단하는 일도 없었으면 합니다. 복지제도는 전혀 없지만 연봉을 2배 많이 주는 회사가 더 좋을 수도 있으니까요.

게임회사는 분위기가 자유롭다고 하던데 일반 회사랑 많이 다른가요?

일반적으로 게임회사는 분위기가 자유롭다고 많이 알려져 있습니다. 출퇴근 시간도 상당히 자율적이고, 업무시간에 게임을 하기도 하고, 반바지를 입거나 슬리퍼를 신고 다니는 경우도 많고, 직급 간 수직적인 명령체계가 아닌 수평적인 의사소통 구조를 가지고 있다고 많이 알려져 있지요.

어느 정도 틀린 말은 아닙니다. 정도에 따라 차이는 있겠지만, 일반적인 기업보다는 확실히 자유로운 편입니다.

우선 복장 면에서 보자면, 일반 기업들처럼 딱딱한 정장을 입고 다니지 않고 너무 도가 지나치다 싶지 않은 수준에서 자유로운 복장을 하고 회사를 다닐 수 있습니다.

게임회사이니만큼 당연히 업무 시간 중에 게임을 한다고 해서 문제가 되지 않으며, 심지어는 많은 사람들이 모여 있는 회의시간 중에도 스마트폰으로 게임을 하는 모습을 많이 볼 수 있습니다.

게임업계라는 것이 본격적으로 생겨난 지가 아직 20년 정도밖에 되지 않기 때문에, 직원들의 평균 연령도 일반 기업보다 낮은 편이고 (업계 1세대인 분들 중, 은퇴하거나 정년을 맞으신 분들은 단 한 명도 없고 아직도 모두 현역에서 뛰고 계십니다) 직원들의 나이가 어린 편이다 보니, 수직적이고 딱딱한 관료적인 기업문화와도 많이 동떨어져 있기는 합니다.

게다가 게임 개발은 혼자서 하는 것이 아니라, 여러 사람이 함께 모여 일을 하면서 톱니바퀴처럼 정교하게 맞물려 돌아가는 과정이기 때문에, 많은 사람들과 스케줄을 맞추다 보면 잦은 야근이 발생할 수 있으므로, 당연히 출근시간이 늦어지는 일이 빈번합니다. 이런 부분들에 대해 일반 기업들보다 훨씬 관대한 편이기도 하고요.

또한, 게임이 출시되고 라이브 상황이 되다 보면, 언제 어떤 문제가 발생할지 모르기 때문에 새벽이고, 낮이고, 휴일이고 대응을 해주어야 하는데, 그러다 보니 일이 있을 때 일하고, 일이 한가할 때는 알아서 쉬는 문화도 많이 조성되어 있습니다.

하지만, 이런 내용들은 워낙 건별로 달라서 모든 게임회사가 그렇다고 보기도 어렵고, 모든 부서, 모든 직무에서 나타나는 공통적인 현상이라고 보기도 어렵습니다.

일단, 앞에서 언급한 내용들은 대부분 2000년대 초, 중소규모의 벤처기업 게임회사들이 급속도로 많아지기 시작했을 때 퍼지기 시작한 이야기입니다. 그때는 직원들의 나이도 지금보다 훨씬 어리고, 회사 규모도 대부분 작았고, 회사로서의 체계를 제대로 갖추지 못했던 회사가 워낙 많았기에 본의 아니게 자유로운 분위기가 많이 형성되던 시기이기도 했지요.

게다가 대부분 기획, 프로그래머, 그래픽 디자이너만 존재하는 개발 위주의 게임회사들이 대부분이어서, 외부 사람들을 만날 일 없이 회사에만 며칠이고 틀어 박혀 컴퓨터 앞에 앉아 일만 하면 되는 상황이었습니다. 그러다 보니 자연스럽게 복장도 더 프리해져가고, 가족처럼 모두 모여 지내다 보니 자연스레 형동생하며 부르는 수평적인 관계가 형성이 된 것입니다.

하지만, 지금은 상황이 많이 달라졌습니다. 게임산업이 급속도로 발전하고, 게임시장이 기하급수적으로 커지면서 소위 대기업 게임회사들이 여럿 등장하게 되었지요. 직원 수도 어마어마하게 많아지고, 개발 조직뿐만 아니라 서비스, 홍보, 마케팅, 법무, 투자 등 대외적으로 활동을 해야 하는 직군들도 많이 생겨나게 되었습니다. 퍼블리싱 사업을 진행하는 대형 기업들이 많아지면서 사업, QA, 운영, CS, 라이선싱, 소싱 등의 인력들도 늘어나게 되었고요.

그러다 보니 자연스레, 일반 기업처럼 출퇴근 시간에 대한 체계도 세워지게 되었고, 예전처럼 밤낮 없이 야근하며 일하는 것이 아니라, 정시 출근 정시퇴근의 문화도 조금씩 정착되어 갔습니다. 체계가 잡힌 회사의 조직구조가 만들어지는 과정에서 무조건 형동생하며 격식 없이 지내던 모습은 어느 정도 희석되었고, 대리, 과장, 차장, 부장 등으로 정리되는 수직적인 직급체계도 많이 도입되었습니다. 회사 외부 사람들과의 미팅도 많아지다 보니 당연히 옷차림도 단정해질 수밖에 없게 되었고요.

물론 그럼에도 불구하고 일반적인 기업들에 비해 게임회사는 여전히 자유로운 분위기를 자랑하고 있습니다. 모든 사람들이 둘러앉아 업무 시간에 게임을 하며 토론을 하는 것은 일반 기업에서는 상상도 하기 힘든 일이죠.

하지만, 2000년대 초반처럼 아무런 격식 없던 벤처 개발회사의 모습은 많이 사라지게 되었고 조금씩 대형 기업으로서의 체계와 조직구조가 만들어져 가고 있다고 생각하면 될 것 같습니다.

게임회사의 분위기가 자유롭냐고요?

네, 그렇습니다!!

다른 직종의 회사들에 비해 매우 자유로운 편입니다.

하지만, 게임회사도 엄연한 회사입니다. 치열하게 일을 하고 이윤을 만들어내야 하는 곳이죠. 놀이터를 상상하시고 게임회사에 들어오시려고 해서는 절대 안 됩니다.

05 게임회사에서 게임은 어떻게 만들어지나요?

이번에는 회사에서 게임이 만들어지는 프로세스에 대해 설명하겠습니다.

사실, 프로젝트마다 나름의 개발 프로세스가 존재할 것이고, 회사의 규모와 상황에 따라 추가되거나 생략되는 단계들이 있을 것입니다. 하지만, 라면을 하나 끓일 때도 일반적으로 통용되는 순서가 있는 것처럼, 게임 개발에 있어서도 모든 회사, 모든 프로젝트마다 공통적으로 적용되는 절차가 있을 것이니, 최대한 일반적인 사례를 바탕으로 설명해나가겠습니다.

여러분이 5분 플레이해보고 "이 게임 허접해서 더 이상 못하겠다." 라고 지워버리는 그 많은 게임들이 얼마나 힘든 과정을 거쳐서 서비스에까지 이르렀는지, 한번 느껴보시는 시간이 되길 바랍니다.

다음은 실제 게임을 만드는 과정입니다.

(1) 프리프로덕션 단계(컨셉 기획 단계)

어떤 게임을 제작할 것인지, 게임의 핵심 재미요소에 대해서 간단하게 기획을 하는 단계입니다. 시장에 출시된 게임들에 대해 많은 조사가 이루어지고, 기획자들이 자유롭게 아이디어를 짜내며 대략적인 기획을 하게 됩니다.

(2) 게임성/사업성 평가 단계

컨셉 기획안이 재미있을지, 시장에서 먹힐만한 아이템인지, 트렌드에 뒤지지는 않을지, 강력한 경쟁작이 있지는 않은지, 돈을 벌 수 있을만한 게임인지 등 시장에 출시된 게임의 모습을 상상하며 게임성과 사업성을 평가하는 단계입니다.

(3) 프로토타이핑 단계

기획안의 게임이 실제로 재미있는지, 게임의 핵심 재미 부분을 프로그래밍해서 만들어보는 단계입니다. 정해진 기간 동안 프로토타입을 원하는 만큼 만들어보고, 어떤 수를 써도 재미가 없다면 그 기획안은 곧바로 파기됩니다.

(4) 팀 세팅 단계

프로토타입이 재미있고, 게임성과 사업성도 갖췄다고 판단된다면 그제서야 실제 개발을 위한 팀 세팅이 시작됩니다. 기획자와 그래픽 디자이너, 프로그래머가 팀에 합류하며 개발팀의 모습을 갖추게 되는 단계입니다.

(5) 알파 빌드 제작 단계

실제로 게임을 만들어 나가는 단계입니다. 게임의 핵심 재미요소부터 개발을 하고 조금씩 주변 요소들을 붙여나가며 게임의 볼륨을 키워나가게 됩니다. 이렇게 처음으로 만들어지는 게임 파일을 '알파 빌드^{alpha build}'라고 부른답니다.

(6) 중간 게임 평가 단계 1(허들 단계)

게임의 재미가 구현되면, 회사 내부의 허들 시스템을 타게 됩니다. 게임이 재미있으면 허들을 통과해 다음 단계로 넘어가는 것이고, 완성도가 떨어지면 게임의 재미가 갖춰질 때까지, 5번과 6번 과정을 반복합니다.

(7) FGT(포커스 그룹 테스트: 소규모 테스트 단계)

어느 정도 게임이 개발되면, 게임의 메인 타깃이 되는 유저들을 모아놓고 비공개로 테스트를 진행하게 됩니다. 실제 유저들의 게임 플레이 패턴을 분석하면서 게임에서 수정이 필요한 부분을 찾아나가는 단계입니다.

(8) 베타 빌드 제작 단계

알파 빌드보다 훨씬 더 많이 게임이 개발된 다음 스텝의 빌드를 '베타 빌드^{beta build}'라고 부릅니다. 게임성 부분에서도 완성도를 높여가는 단계이고, 보통 이 단계에서 연출, 유료화, 아이템, 채팅, 커뮤니티 등 부가 요소들이 추가로 개발되는 단계이기도 합니다.

(9) 중간 게임 평가 단계 2(허들 단계)

6번 단계와 마찬가지로, 회사 내부에서 게임의 완성도를 평가하는 허들이 또 다시 진행됩니다. 완성도가 부족하면 충분해질 때까지 수정 작업을 반복하게 되고, 끝내 고쳐지지 않으면 프로젝트는 파기됩니다.

(10) CBT(클로즈 베타 테스트: 중규모 테스트 단계)

어느 정도 게임이 완성되면 더 많은 유저들을 모아서 CBT를 진행합니다. 제한된 기간 동안 제한된 인원이 들어와서 게임을 플레이할 수 있게 하는 단계입니다. 밸런스, 서버안정성, 콘텐츠 소모속도 등을 체크하게 됩니다.

(11) 서비스 준비 단계

CBT에서 발견된 문제점들까지 모두 수정을 하고, 완벽한 게임이 완성되면 드디어 정식 서비스 준비에 돌입하게 됩니다. QA, 운영, 고객대응, 홍보, 마케팅, 사업, 서비스 등 모든 담당자들이 게임 출시를 위해 힘을 모으는 단계입니다.

(12) OBT(오픈 베타 테스트: 대규모 테스트 단계)

게임이 완성되고 서비스 준비가 완료되면 마침내 게임을 시장에 선보이게 됩니다. OBT는 정식으로 게임을 출시하는 단계입니다. 다만 1주 정도의 기간 동안은 게임 내 유료화를 진행하지 않고 OBT라는 이름으로 무료 서비스를 제공하곤 합니다.

(13) 게임 상용화 단계

OBT 기간 동안 게임이 라이브 상황에서도 별다른 문제가 없으면, 정식으로 상용 서비스에 돌입하며 유저들에게 과금을 요구하게 됩니다. 즉, 게임을 출시하고 나서 돈을 받기 전까지는 OBT, 돈을 받기 시작하면 '상용화 단계'라고 구분하곤 합니다.

『그래도 우리는 게임을 만든다』
(글/그림: 유영욱, 출판사: 보리별)

『그래도 우리는 스마트폰 게임을 만든다』
(글/그림: 유영욱, 출판사: 보리별)

온라인 게임과 스마트폰의 구체적인 게임 개발 과정에 대해서는
각 책에서 확인할 수 있습니다.

게임회사에서 게임을 모두 직접 만드나요?

이번에는 퍼블리싱 사업에 대해 이야기하려고
합니다. 퍼블리싱^{publishing}의 사전적인 의미는 "출판을 하다."라는 뜻입
니다. 게임업계에서 통용되는 '퍼블리싱'의 의미는, 이미 개발이 완료
된 게임을 구입한 뒤 서비스를 진행하는 것을 의미합니다.

▲ 모바일 액션RPG 블레이드 (출처: 블레이드의 퍼블리셔인 4:33 공식 홈페이지 http://www.433.co.kr/
blade/)

게임을 개발하는 회사를 개발사, 개발된 게임을 가져다 서비스하는 회사를 퍼블리셔, 이렇게 부르고 있습니다.

모바일 게임에서 몇 달 동안이나 1위 자리를 지키고 있었던 〈블레이드 for kakao〉란 게임을 알고 계시겠지요? 실제로 이 게임을 개발한 것은 Action Square라는 개발사입니다. 하지만, 실제로 블레이드의 서비스를 진행하고 있는 것은 4:33이라는 회사입니다. 4:33이 〈블레이드 for kakao〉란 게임의 퍼블리셔인 것이지요.

▲ 온라인 MMORPG 에오스 (출처: 에오스(EOS)의 공식 홈페이지 http://eos.hangame.com/)

온라인 MMORPG인 〈에오스^{EOS}〉라는 게임을 한번 볼까요? 〈에오스〉를 실제로 개발한 것은 엔비어스라는 회사입니다. 하지만, 서비스는 NHN엔터테인먼트의 이름으로 한게임을 통해 서비스되고 있지요. NHN엔터테인먼트가 퍼블리셔, 엔비어스는 개발사인 것입니다.

이런 퍼블리싱 사업은 우리나라 회사들끼리만 이루어지는 것은 아

닙니다. 전 세계 가입자 4억 명을 둔 중국의 1위 게임 〈크로스파이어〉
란 게임은 국내의 개발사인 스마일게이트에서 개발을 했고, 중국의 초
거대기업인 텐센트가 퍼블리셔가 되어 중국서비스를 담당하고 있습니
다. 스마일게이트는 〈크로스파이어〉의 중국 매출 하나로 대한민국에서
다섯 손가락 안에 드는 매출을 올리는 회사가 되었죠.

그렇다면, 왜 게임을 개발한 회사에서 직접 서비스를 하지 않고 퍼
블리셔를 통해 서비스를 진행할까요?

개발 완료된 게임을 서비스하기 위해서는 막대한 비용과 인력이 필요합니다.

몇 가지만 예를 들어보겠습니다. 우선, 게임을 서비스하기 위한 서버를 구매해야 합니다. 서버 같은 경우, 한 대당 몇백 만원, 비싼 경우 1억이 넘을 수도 있습니다. 한 대의 서버가 5,000명의 인원을 수용한다고 하면, 리니지처럼 100만 명이 넘는 유저들이 플레이하는 게임은 얼마나 많은 서버가 필요할지 예상이 되시지요? 게임이 출시되면 마케팅과 홍보에만도 어마어마한 비용이 들어가게 됩니다. 심한 경우 게임 개발 비용보다 더 많은 돈이 마케팅에 사용되는 일도 허다합니다. 게임을 알리기 위해 동영상, 홈페이지 등을 제작하고 이벤트 경품을 구매하는 데 돈이 들어가는 것도 물론이고요.

또한, 게임을 운영하고 고객들의 문의를 응대하기 위한 전담 인력들이 필요합니다. 홈페이지, 까페, SNS 등의 커뮤니티를 운영하는 인력들도 당연히 필요하겠고요(100만 명이 플레이하는 게임일 경우, 고객을 응대하기 위한 전담 인력만 수십 명이 필요하게 됩니다).

중소규모의 개발사에서는 이 막대한 비용이 들어가는 서비스 업무를 직접 처리하기에는 너무나 많은 부담이 되는 것입니다. 따라서 개발은 개발사가 진행하고, 실제 서비스는 대형 회사가 맡아서 하는 퍼블리싱 사업구조가 형성되는 것이지요.

우리나라에만 약 3,000개의 개발사가 있다고 앞에서 말씀을 드렸지요? 3,000여 개의 회사들 가운데 퍼블리싱 사업을 진행할 수 있는 여력을 갖춘 회사는 아마도 3% 이내일 것입니다. 그리고 그중, 모바일 게임이 아닌 온라인 게임 퍼블리싱을 진행할 수 있는 자금과 인력을 갖춘 회사는 엔씨소프트, 넥슨, NHN엔터테인먼트, 넷마블게임즈, 네오위즈, 위메이드 등 10여 곳에 지나지 않을 것입니다

이 퍼블리싱이라는 개념을 "게임을 돈을 주고 사와서 서비스한다." 라는 생각 때문에 부정적으로 바라보는 분들이 많으신데... 사실 그럴 이유가 전혀 없습니다. 서비스에 필요한 막대한 자금을 확보하기 어려운 개발사는 퍼블리셔를 통해 계약금과 안정적인 서비스 환경을 마련할 수 있을 것이고, 퍼블리셔는 개발에 투입되어야 할 긴 시간과 인력 비용을 서비스에 사용되는 비용으로 대체하면서 좋은 게임을 확보하게 되니까요. 사용자의 입장에서도, 좋은 게임이 큰 회사를 통해 안정적으로 서비스되는 것을 나쁘게 바라 볼 이유는 없다고 생각합니다(자신이 재미있게 즐기던 작은 회사의 게임이, 회사가 망해서 하루 아침에 서비스를 종료한다면 그게 더 슬픈 일이겠죠).

그리고 게임이 해외로 진출하게 될 때, 각 나라마다 국민 성향에 맞도록 게임을 개선해주어야 하는데, 이때 현지 퍼블리셔의 의견이 굉장히 중요합니다. 개발사가 절대 파악할 수 없는 전 세계 국민들의 취향을 각 나라의 퍼블리셔의 의견에 따라 게임을 다듬어 나가는 것이지요. 해외에서 성공한 게임들은 대부분 이런 현지화 작업을 거친 프로젝트가 대부분입니다.

퍼블리싱은 직접 게임을 만드는 개념은 아니지만, 게임 프로젝트와 관련된 모든 관계자들이 윈윈할 수 있는 좋은 사업 시스템입니다. 긍정적으로 바라보셔도 됩니다.

「그래도 우리는 게임을 만든다」
(글/그림: 유영욱, 출판사: 보리별)

퍼블리싱 사업에 관한 내용은 다음 도서를 참고해주세요.

우리나라 게임시장은 상황이 어떤가요?

이번에는 우리나라 게임시장에 대해 설명하겠습니다. 앞서 이야기했지만, 게임업계는 변화가 엄청나게 빠른 곳입니다. 새로운 플랫폼과 시장이 매우 빠르게 생겨나고, 너무나 빠르게 사라져 버리기도 하지요.

따라서 현시점의 구체적인 내용을 알려드리는 것은 의미가 없을 듯하고, 과거에서부터 현재까지 게임업계의 상황이 어떻게 변해왔는지, 그리고 우리나라 콘텐츠 시장에서 게임이 얼마나 중요한 비중을 차지하고 있는지 설명하겠습니다.

우선 간단하게 게임업계의 매출 규모에 대해 살펴보죠.

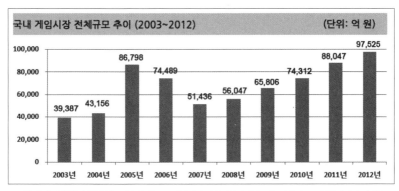

▲ 국내 게임시장의 전체규모 (출처: 「2013 대한민국 게임백서」 (한국콘텐츠진흥원, 문화체육관광부 발간))

　　대한민국 게임업계는 매년 꾸준하게 성장을 계속해 오면서, 2012년
에 10조 시장에 도달하게 되었습니다. 「2013 대한민국 게임백서」에 따
르면, 2014년과 2015년 전체 게임시장 역시 온라인 게임과 모바일 게
임의 성장이 이어질 전망으로 보이고, 비디오 게임이 새롭게 성장하기
시작하면서 성장을 지속할 것으로 전망한다고 밝혔습니다(다만 비디오
게임시장의 규모는, 국내 게임시장에서 1.5% 남짓한 비율을 차지하는 매우 미
비한 수준인지라, 전체 게임시장의 성장률에 미치는 영향은 크지 않을 것으로
보인다고 합니다).

　　또한, 2006년 이후 꾸준하게 성장해온 국내 게임 산업의 수출액이
2012년에 드디어 25억 달러를 넘어서게 되었는데, 이해하기 쉽도록 한
화를 기준으로 설명을 드리자면, 2012년의 게임산업 수출액은 약 2조
8,500억 원에 도달한 것이고, 고작 1년 후인, 2013년에는 약 3조 2,000
억 원 수준에까지 도달하게 된 것입니다.

　　이렇게만 말하면 게임 산업의 규모가 도대체 어느 정도인지, 감이 잘 오지 않을 수 있으니 다른 문화콘텐츠 산업과 비교해서 설명하겠습니다.

다음에 정리된 자료는 2014년 1분기 콘텐츠산업 동향분석보고서에서 참고한 내용입니다. 상세한 보고서를 보고 싶으시면 한국콘텐츠진흥원 홈페이지(http://www.kocca.kr/)에서 전체 버전을 다운로드할 수 있습니다.

	게임업계 매출액	음악 매출액	영화 매출액	애니메이션 매출액
2012년 1분기	₩2,716,996,000,000	₩982,661,000,000	₩998,733,000,000	₩130,806,000,000
2012년 2분기	₩2,486,682,000,000	₩999,686,000,000	₩1,018,479,000,000	₩114,361,000,000
2012년 3분기	₩2,372,259,000,000	₩1,037,201,000,000	₩1,107,975,000,000	₩132,339,000,000
2012년 4분기	₩2,434,015,000,000	₩1,153,056,000,000	₩1,049,506,000,000	₩133,147,000,000
2013년 1분기	₩2,358,554,000,000	₩1,095,421,000,000	₩1,135,213,000,000	₩134,597,000,000
2013년 2분기	₩2,429,656,000,000	₩1,091,567,000,000	₩1,133,383,000,000	₩115,660,000,000
2013년 3분기	₩2,435,951,000,000	₩1,094,654,000,000	₩1,318,849,000,000	₩147,499,000,000
2013년 4분기	₩3,142,854,000,000	₩1,160,271,000,000	₩1,366,370,000,000	₩124,348,000,000
2014년 1분기	₩2,900,838,000,000	₩1,187,856,000,000	₩1,341,501,000,000	₩128,067,000,000

▲ 2014년 1분기 콘텐츠산업 동향분석보고서 (출처: 한국콘텐츠진흥원, 문화체육관광부 발간)

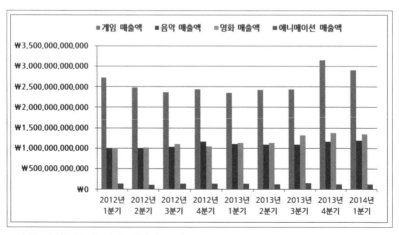

▲ 2014년 1분기 콘텐츠산업 동향분석보고서 (출처: 한국콘텐츠진흥원, 문화체육관광부 발간)

표와 그래프를 보면 알 수 있지만, 문화 산업의 중요 콘텐츠로 알려져 있는 영화, 음악, 애니메이션을 모두 합한 것보다도 더 큰 매출액을 게임산업 혼자서 형성하고 있습니다.

이 보고서에 따르면, 올해 1분기 게임산업의 매출액은 지난해 같은 기간에 비해 23% 늘어난 2조 9,008억 3,800만 원으로, 1분기 콘텐츠 사업에서 가장 높은 비중을 차지하며 매출액을 견인해왔고, 같은 기간 수출액도 전년 동기대비 10.6% 증가한 8,506억 800만 원으로 조사 대상 콘텐츠 산업 수출의 60% 이상을 차지하는 엄청난 위력을 과시하고 있는 것으로 보고되었습니다.

그렇다면, 이렇게 어마어마한 규모를 자랑하고 있는 게임산업에서, 어떤 게임 플랫폼이 큰 비중을 차지하고 있는지 한번 살펴보겠습니다.

국내 게임시장의 규모와 전망 (2011~2015)					(단위 : 억 원)
구분	2011년 매출액	2012년 매출액	2013년(E) 매출액	2014년(E) 매출액	2015년(E) 매출액
온라인게임	62,369	67,839	73,333	78,759	83,642
비디오게임	2,684	1,609	1,518	2,055	2,903
모바일게임	4,236	8,009	12,125	13,119	14,050
PC게임	96	680	198	402	144
아케이드게임	736	791	800	811	821
PC방	17,163	17,932	18,613	17,663	17,097
아케이드게임장	763	665	596	535	481
합계	88,047	97,525	107,183	113,344	119,138

▲ 2013 대한민국 게임백서 (출처: 한국콘텐츠진흥원, 문화체육관광부 발간)

매출액 기준으로, 국내 게임산업에서 가장 큰 비중을 차지하고 있는 것은 온라인 게임입니다. PC방 매출의 대부분도 사실상은 온라인 게임과 마찬가지이니, PC방 매출까지 합치게 되면 국내 게임산업의 매출 중 80% 이상을 온라인 게임이 혼자 해내고 있는 것이죠.

현재 국내의 온라인 게임시장은 〈리그 오브 레전드〉, 〈월드 오브 워크래프트〉, 〈피파 온라인3〉 등 해외 게임의 강세가 이어지고 있는 와중에, 〈리니지〉, 〈아이온〉, 〈블레이드앤소울〉, 〈에오스〉, 〈테라〉, 〈던전앤파이터〉, 〈서든어택〉, 〈메이플스토리〉 등 기존 흥행작들이 지속적인 업데이트를 통해 사용자들을 계속 유지하고 있는 형국입니다.

문제는 온라인 게임을 개발하기 위해서는 워낙 많은 비용과 시간이 들어가는 데다가, 몇 년째 순위 상위권을 독식하고 있는 기존 흥행작들의 장벽이 너무나 높은 관계로, 중소 개발사에서는 점점 온라인 게임의 개발을 꺼리고 있는 상황이 되어 간다는 것입니다.

온라인 게임은 대형 개발업체와 퍼블리셔를 위주로 시장 구조가 거의 굳어져 가고 있는 상황이며, 중소 개발업체들은 상대적으로 개발 비용이 적고, 빠르게 출시를 할 수 있는 모바일 게임 쪽으로 모두 이동하고 있습니다. 표를 보면 알 수 있겠지만, 모바일 게임의 매출액과 시장 비중에 점점 더 증가하고 있습니다.

고성능의 스마트 기기들이 급속도로 보급되고 있고, 모바일 게임시장이 빠른 속도로 성장해가면서 게임시장의 핵심 산업으로 떠오르고 있는 상황이며, 중소개발사들뿐만 아니라 대형 개발사들 역시, 모바일 게임 쪽으로 신규 사업을 펼치고 있는 상황이죠. 특히, 대형개발사들은

새롭게 개발된 모바일 게임을 개발, 퍼블리싱할 뿐만 아니라, 흥행에
성공한 온라인 게임을 모바일 버전으로 또다시 개발하면서 매출의 다
각화를 만들어나가고 있답니다.

2014년 3월에 발표된, 2013년 한 해 동안의 게임회사 실적을 다음
과 같은 표로 정리했습니다. 여러 매체에서 정리를 해 두었지만, 데일
리게임의 기획기사에서 가장 잘 정리를 해두었기에, 해당 기사를 바탕
으로 다시 정리했습니다.

2013년 상장 게임업체 매출비교 (단위 : 억 원)				
업체명	매출		영업이익	
	2012년	2013년	2012년	2013년
넥슨	15,275	16,386	6,732	5,349
엔씨소프트	7,535	7,567	1,513	2,052
CJ넷마블	2,121	4,968	–	667
네오위즈게임즈	6,751	4,429	1,101	959
위메이드	1,198	2,274	-19	123
NHN엔터테인먼트	–	1,638	–	268
액토즈소프트	987	1,393	179	231
컴투스	769	814	161	77
게임빌	702	812	241	121
웹젠	574	720	85	27
라이브플렉스	559	585	8	-11
게임하이	530	553	288	228
조이맥스	276	514	-16	181
아프리카TV	490	481	10	44
선데이토즈	–	476	–	173
조이시티	602	377	90	-9
이스트소프트	313	365	-55	-35
다음	–	337	–	–
소프트맥스	56	126	-6	29
바른손게임즈	64	41	-26	-57

▲ 2013년 상장 게임업체 매출 비교 (출처: 데일리게임 기획기사 http://
www.dailygame.co.kr/view.php?ud=20140307124256500040)

앞에 정리된 한 해 동안의 실적을 보시면 금방 눈치챌 수 있겠지만, 넷마블게임즈, 넥슨, NHN엔터테인먼트, 위메이드, 선데이토즈, 액토즈 소프트 등 모바일 게임시장의 흐름에 빠르게 적응을 한 대형회사들이 대부분 좋은 성적을 거두었습니다.

NHN엔터테인먼트는 네이버와의 분사 이슈로 1년 매출이 아닌 4분기 실적만 표기되어 있으니 감안하시기 바랍니다. 또한 컴투스와 게임빌의 경우 2013년 실적은 다소 부진해 보일 수 있으나, 2014년에 접어들며 〈서머너즈워〉, 〈낚시의 신〉, 〈크리티카〉, 〈별이 되어라〉, 〈이사만루〉, 〈사커 스피리츠〉 등 연달아 대형 히트작을 터뜨리며, 엄청난 매출 성과를 기록하게 되었으니 참고하시기 바랍니다.

한국 콘텐츠 사업의 핵심을 담당하고 있는 게임 산업은 매년 성장을 거듭하면서 최근 십여 년 동안 양적으로나 질적으로나 견실한 성장세를 유지해왔습니다. 내수 시장뿐만이 아닌 전 세계적으로도 중요한 위치를 차지하고 있는 게임 강국임은 말할 것도 없고요.

국내 게임시장은 매출 비중으로 볼 때, 여전히 온라인 게임이 차지하는 비중이 압도적으로 높기는 합니다. 하지만, 모바일 게임 산업이 급성장하면서 모바일 게임이 차지하는 비중은 점점 높아지고 있는 추세입니다. 다행인 것은 모바일 게임시장이 성장하며 온라인 게임시장을 잡아먹는 것이 아니라, 온라인 게임시장과 더불어 계속 성장해나가며 국내 게임시장의 파이를 키우고 있다는 것입니다.

향후에도 국내 게임시장의 성장은 너무나 당연하게 진행되겠지만, 조금씩 더뎌져가는 성장세를 볼 때 언젠가는 내수 시장이 포화 상태에

달할 것으로 예측됩니다.

따라서 전 세계에서도 우리나라의 게임들이 중요한 위치를 차지할 수 있도록, 확실한 글로벌 경쟁력을 키우는 것이 앞으로의 국내 게임산업의 과제가 될 것입니다.

국내의 게임개발자 분들이 지금보다 더 전 세계적으로 인정받는 날이 하루 빨리 다가왔으면 합니다.

전 세계 게임시장은 상황이 어떤가요?

이번에는 글로벌 게임시장에 대해 이야기하겠습니다. 리서치 전문업체 NEWZOO에서 2014년 6월에 발표한 '전 세계 게임시장 매출 리포트'에 삽입되어 있는 표를 먼저 보고 나서 이야기할까요? 2014년의 게임산업 예상 매출액에 따라 나라별 순위를 정리한 표입니다.

NEWZOO에서 발표한 이 리포트에 따르면 2014년 전 세계에서 게임으로 발생할 매출은 815억 달러(약 82조 4,000억)에 달하는 것으로 예측됐으며, 그 중 한국 게임시장의 매출규모는 34억 달러(3조 4,000억)로 전 세계 6위에 해당하는 것으로 나타났습니다

전 세계에서 가장 많은 게임 매출을 발생시키는 국가는 미국으로 약 205억 달러의 수익을 낼 것으로 예측되었고, 중국은 전 세계 2위로 179억 달러를 기록할 것으로 예측되었습니다. 일본은 전 세계 3위에

순위	나라	지역	인구 수	게임매출 (US달러)
1	USA	North America	322,583,006	$20,484,628,000.00
2	China	Asia	1,393,783,836	$17,866,677,000.00
3	Japan	Asia	126,999,808	$12,219,552,000.00
4	Germany	Western Europe	82,652,256	$3,528,196,000.00
5	United Kingdom	Western Europe	63,489,234	$3,426,259,000.00
6	Republic of Korea	Asia	49,512,026	$3,356,202,000.00
7	France	Western Europe	64,641,279	$2,608,818,000.00
8	Canada	North America	35,524,732	$1,717,991,000.00
9	Italy	Western Europe	61,070,224	$1,514,067,000.00
10	Spain	Western Europe	47,066,402	$1,489,366,000.00
11	Brazil	Latin America	202,033,670	$1,339,375,000.00
12	Russian Federation	Eastern Europe	142,467,651	$1,143,197,000.00
13	Australia	Oceania	23,630,169	$1,143,044,000.00
14	Mexico	Latin America	123,799,215	$1,006,072,000.00
15	Taiwan	Asia	23,532,713	$643,417,000.00
16	Netherlands	Western Europe	16,802,463	$433,195,000.00
17	Turkey	Middle East-Africa	75,837,020	$375,039,000.00
18	Sweden	Western Europe	9,631,261	$370,406,000.00
19	Switzerland	Western Europe	8,157,896	$325,731,000.00
20	Austria	Western Europe	8,526,429	$310,340,000.00

▲ 전 세계 게임시장 매출 리포트 (출처: NEWZOO 'Top 100 Countries by Game Revenues'http://www.newzoo.com/free/rankings/top-100-countries-by-game-revenues/)

해당하며 122억 달러를 기록할 것으로 예측되었습니다(참고로 모바일 게임의 매출 규모만으로 구분하자면 일본이 1위, 미국이 2위입니다).

전 세계에서 가장 큰 게임시장을 형성하고 있는 미국에서는 엑스박스Xbox, 플레이스테이션Play Station, 닌텐도Nintendo 등과 같은 콘솔 게임이 다른 나라에 비해 큰 비중을 차지하고 있는 것이 특징입니다. 온라인 게임과 모바일 게임이 압도적인 비중을 차지하는 우리나라와는 조금 다른 형국을 보이고 있는 것이죠.

2013년 하반기 미국 콘솔 게임기 판매량 추이 (단위: 대)							
하드웨어	7월	8월	9월	10월	11월	12월	누적
닌텐도3DS	155,879	195,147	167,828	358,525	983,276	1,153,673	3,014,328
엑스박스360	115,922	127,666	155,601	141,030	705,813	775,390	2,021,422
플레이스테이션3	84,658	111,878	170,604	111,037	454,000	362,345	1,294,522
Wii	23,702	32,579	20,961	22,451	93,373	122,241	315,307
닌텐도DS	34,621	30,974	18,748	14,434	37,123	34,876	170,776
Wii U	29,898	47,347	65,474	81,773	258,117	344,163	826,772
PS비타	20,847	37,804	33,762	28,550	92,674	110,500	324,137
PS포터블	6,007	6,590	3,922	3,111	12,589	20,916	53,135
엑스박스One	–	–	–	–	969,058	870,402	1,839,460
플레이스테이션4	–	–	–	–	1,220,979	799,327	2,020,306

▲ 2013년 미국 콘솔 게임기 판매량 (출처: 브이지차트(VGChartz) http://www.vgchartz.com/)

이것은 아마도 땅의 크기가 영향을 미치기도 했을 겁니다. 대한민국의 경우, 땅이 좁다 보니 통신망을 구축하는 데 용이했기 때문에 온라인 게임이나 무선 인터넷을 사용하는 모바일 게임이 발전할 수 있었지만, 미국의 경우 워낙 땅이 넓다 보니 상대적으로 네트워크를 이용한 게임들이 대중적으로 자리를 잡는 데 다소 시간이 소요되었겠죠.

하지만, 〈월드오브워크래프트〉와 같은 최고의 온라인 게임을 만든 블리자드사를 필두로, 완성도 높은 다수의 온라인 게임이 전 세계 게임시장에서 폭발적인 반응을 유지하고 있는 상황이고, EA, 액티비전블리자드, 락스타게임즈, 에픽게임즈, 게임로프트, 유비소프트 등 대형 게임사들의 모바일 게임시장 진출이 계속 확대되고 있는 상황이니, 국내와 마찬가지로 언젠가는 온라인 게임과 모바일 게임이 주를 이루는 형태로 변하지 않을까 조심스레 예측해 봅니다.

참고로, 미국의 엔터테인먼트소프트웨어협회ESA가 발간한 「2013년 미국 게임 산업보고서」에 따르면, 성장세 측면의 경우 모바일 게임이 이미 콘솔 게임에 비해 강세인 것으로 나타났다고 하는군요.

다음으로 세계 2위인 중국 게임시장에 대해 이야기하겠습니다.

요즘 중국이야말로 가장 뜨거운 시장입니다. 중국의 게임시장은 경제성장 및 소득증대에 따른 다양한 콘텐츠 소비수요 증대에 따라 폭발적인 성장을 이어가고 있는 중입니다. 워낙 인구 수가 많다 보니, "전 세계 시장에서 망해도 중국에서만 제대로 터지면 모든 손해를 메꾸고도 게임회사 직원들 3대가 먹고 산다."는 농담이 있을 정도입니다.

대한민국의 게임회사인 스마일게이트가 순식간에 매출 규모로 세 손가락 안에 꼽히는 대형 게임회사가 된 것도 〈크로스파이어〉라는 게임 하나가 중국에서 국민 게임이 될 정도로 제대로 터졌기 때문이라고 앞에서 말씀드렸죠? 넥슨 매출의 절반을 견인하고 있는 〈던전앤파이터〉의 대부분의 매출도 중국시장에서 발생하는 것이랍니다.

네, 한때는 표절과 불법복제, 퀄리티 낮은 게임성으로 대표되던 중국 게임시장이었지만 지금은 상황이 완전히 달라졌습니다. 개발력도 과거와는 몰라보게 달라졌고(여전히 표절이 많긴 하지만요) 중국산 개발 게임들을 한국과 일본에서도 적극적으로 수입하고 있는 상황입니다. 우리나라와는 달리 자국의 게임산업을 육성, 보호하려는 정부의 정책도 굉장한 효과를 발휘했습니다. 그 결과, 몇 년 사이에 전 세계 모든 나라들이 가장 탐내는 게임시장이 된 것이지요.

중국 게임시장의 경우, 온라인 게임 분야에서 자국 기업들의 약진이 두드러졌었는데, 최근에는 모바일 게임에서도 동일한 현상이 발생하고 있는 중입니다. 시장조사업체 슈퍼데이터의 발표에 따르면 중국내 모바일 게임시장은 2014년 약 30억 달러에 이를 전망이며, 2015년에는 미국 모바일 게임시장 규모를 추월할지도 모른다고 합니다. 2013년 중국 모바일 게임시장 규모가 약 13억 달러였던 것에 비하면 1년 사이에 무려 2배를 훨씬 넘는 성장을 하게 된 것이지요.

이와 같은 중국 게임시장의 선두에는 마이크로소프트, 애플, 소니, 블리자드를 능가하는 매출을 자랑하는 전 세계 1위 게임회사인 텐센트Tencent가 활약하고 있습니다.

▲ 텐센트 CI (출처: 텐센트 공식 홈페이지 http://www.tencent.com/)

텐센트는 국민 모바일 메신저인 위챗Wechat을 바탕으로 중국의 거대한 내수시장에서 어마어마한 매출을 뽑아내고 있습니다. 마치 국민 메신저인 카카오톡이 게임시장에서 큰 영향력을 발휘하는 것과 같은 맥락입니다. 다만 그 규모가 압도적으로 클 뿐이죠.

앞서 말씀드렸던 〈크로스파이어〉와 〈던전앤파이터〉도 텐센트를 통해 중국시장에 퍼블리싱 서비스되고 있으며, 라이엇게임즈의 〈리그 오브 레전드〉 역시 텐센트를 통해 서비스를 진행하고 있습니다.

텐센트는 개발과 퍼블리싱을 공격적으로 진행하며 중국의 게임시장에서 가장 큰 영향력을 발휘하고 있으며, 한국의 유명 게임사들에 대해 적극적인 인수합병과 투자를 시도하기도 하는데, 그 대표적인 사례가 최근 국내 최고의 모바일 게임사로 우뚝 선 넷마블게임즈에 5,300억 원의 전략적 투자를 진행한 것입니다.

게다가 텐센트는 국민메신저 카카오톡을 서비스하는 '다음카카오'의 2대 주주이기도 합니다. 텐센트는 김범수 의장과 투자사인 케이큐브홀딩스 다음으로 많은 다음카카오의 지분을 보유하고 있는데, 케이큐브홀딩스 주식 100%가 김범수 의장 소유인 것을 감안하면, 텐센트는 실질적인 다음카카오의 2대 주주인 셈이죠.

텐센트를 중심으로 설명을 드렸지만, 전 세계 핵심 시장으로 발전한 중국 게임시장의 영향력은 앞으로도 더욱 커질 전망이며, 나아가 국내의 게임산업, 게임회사들에 대한 영향력도 점점 더 확대될 것으로 예상됩니다.

마지막으로 전 세계 3위 시장인 일본게임시장에 대해 이야기하겠습니다(미국, 중국, 일본 시장에 대해서만 이야기를 하느냐고 불만이 있으실 수도 있겠지만, 전 세계 상위 세 개 국가의 상황에 대해서만 알아도 충분하게 많이 알고 계신 겁니다. 그 이상을 다루는 것은 저도 피곤하고, 읽는 여러분들도 피곤하실 겁니다).

일본 게임시장은 모바일 게임시장이 굉장히 큰 비중을 차지한다는 특징이 있습니다. 일본 모바일 게임시장은 피처폰 게임과 모바일웹 게임의 비중이 상당히 높았는데, 최근 빠른 속도로 스마트폰이 보급이 되면서, 매출 비중이 급격하게 피처폰에서 스마트폰 쪽으로 이동하고 있습니다. 이와 더불어 모바일 게임시장의 매출 규모가 폭발적으로 성장하는 상황이지요.

앱 전문 시장조사 업체 앱애니App Annie의 자료에 따르면, 일본 모바일 앱 시장 규모는 2013년 10월 기준으로 미국보다 10% 높으며, 한국의 3배, 영국의 6배를 기록했다고 합니다.

미국의 절반 정도 수준이었던, 일본 모바일 게임 매출이 이렇게 까지 급증한 것은 스마트폰 보급 확대 속도가 예상을 상회하는 수준으로 빠른 데다가, 하루에 수십억의 매출을 발생시키는 대박 스마트폰 게임들이 끝없이 쏟아져 나오고 있기 때문입니다.

한국콘텐츠진흥원에서 발간한 '글로벌 게임산업 트렌드 2013 하반기 보고서'에 따르면. 일본의 모바일 게임업체 겅호온라인엔터테인먼트Gungho Online Entertainment의 〈퍼즐앤드래곤〉으로 대표되는 스마트폰 게임의 급부상은 지난 1년 사이 일본 게이머들로 하여금 피처폰 시절보다, 4배나 많은 비용을 모바일 게임에 사용하게 만들었다고 합니다.

그 외에도 일본의 국민 메신저인 라인LINE을 통한 다양한 라인게임들이 계속적으로 출시되면서, 마치 카카오 게임들이 한국의 모바일 게임시장에서 큰 매출 비중을 차지하고 있는 것처럼, 일본 모바일 게임시장의 성장세에 힘을 더하고 있는 상황입니다

▲ 인기 모바일 퍼즐 RPG 퍼즐앤드래곤 (출처: 겅호온라인 퍼즐앤드래곤 공식 홈페이지 http://www.gungho.jp/pad/)

또한, 아래 표에서 확인하실 수 있듯이 스퀘어에닉스Square Enix, 코나미Konami, 캡콤Capcom 등 일본 메이저 콘솔 게임업체들 또한 네이티브 앱 기반의 모바일 게임에 막대한 투자를 진행하고 있으며, 이동사인 소프트뱅크 또한 겅호온라인과 슈퍼셀의 최대 주주로 등극하며 일본 1위

일본 주요 콘솔게임업체 매출 기준 순위 및 일본 내 출시 네이티브 앱 기반 모바일 게임				
순위	사업자	매출액 (각사 2013년 회계연도 기준)	시장점유율 (2012,2H~2013,1H 기준)	스마트폰 게임 앱 수 (2013.11 기준)
1	소니	7,071	32.00%	–
2	닌텐도	6,354	28.70%	–
3	반다이남코	2,636	11.40%	88개 (Apple Appstore)
4	스퀘어에닉스	1,480	6.70%	114개 (Apple Appstore)
	코나미	1,164	5.20%	44개 (Apple Appstore)
6	넥슨	1,084	4.90%	6개 (Apple Appstore)
7	세가	838	3.80%	102개 (Apple Appstore)
8	캡콤	636	2.90%	83개 (Apple Appstore)
9	코에이테크모	232	1.00%	25개 (Google Play

▲ 일본 주요 콘솔 게임업체 매출 순위 (출처: 글로벌 게임산업 트렌드 2013 하반기 보고서, 한국콘텐츠진흥원 발간)

모바일 게임업체로 성장하게 되었습니다(슈퍼셀은 클래시 오브 클랜Clash of Clan, 헤이데이Hay Day, 붐비치Boom Beach 등을 개발한 핀란드의 모바일 게임 개발사입니다).

모바일 게임시장을 중심으로 하고 있는 일본의 성장세는 앞으로도 계속될 전망입니다. 어마어마한 매출을 견인하고 있는 스마트폰의 보급율이 이제서야 50%를 조금 넘었으니, 산술적으로만 계산하자면 앞으로도 2배는 성장할 가능성이 있을테니, 빠른 시일 내 미국과 중국을 위협하는 게임 강국이 될 것이라고 조심스럽게 예측해 봅니다.

지금까지 설명드린 미국, 중국, 일본 모두 엄청난 성장을 일궈냈고, 아직도 그에 못지 않은 잠재력을 가진 게임강국입니다. 또한, 언제 또 새로운 국가가 글로벌 시장에서 신흥 강자로 떠오를지 모를 노릇입니다.

하지만 분명한 것은, 국내 게임산업 역시 그에 못지 않은 잠재력을 가지고 있으며, 글로벌 무대에서 이미 혁혁한 성과를 올리고 있으니, 언젠가는 미국, 중국, 일본과 어깨를 나란히 하는 게임산업 강국이 될 것이라고 긍정적인 미래를 그려보아도 전혀 무리가 없을 것입니다.

참고로, 리서치 전문업체 NEWZOO가 2014년 6월에 발표한 '2014년 1Q 기준 게임수익 기업랭킹 TOP25'를 정리해 두겠습니다.

Rank	Company	Q1 Rank change	FY '13 ($M)	Q1 '13 ($M)	Q1 '14 ($M)	Q1 YoY growth ($M)	Q1 YoY growth (%)
1	Tencent	+1	5.267	1.225	1.714	488	40%
2	Microsoft	+2	4.696	1.13	1.208	70	6%
3	EA	0	3.661	1.209	1.123	-86	-7%
4	Activision Blizzard	-3	4.583	1.324	1.111	-213	-16%
5	Sony	0	4.329	920	1.096	176	19%
6	Apple	0	2.373	583	648	65	11%
7	King.com	NEW	1.884	206	641	435	211%
8	GungHo Entertainment	+8	1.554	295	476	181	61%
9	Nexon	-1	1.480	423	453	30	7%
10	Nintendo	-1	2.393	385	411	26	7%
11	Google	+1	1.386	341	398	57	17%
12	Square Enix	+2	841	302	362	61	20%
13	NetEase	0	1.434	326	347	20	6%
14	DeNA	-7	1.609	450	327	-123	-27%
15	Konami	-6	1.024	341	312	-30	-9%
16	GREE	-6	1.340	361	296	-65	-18%
17	Disney	+5	1.176	194	268	74	38%
18	Ubisoft	+1	1.363	241	267	26	11%
19	Namco Bandai	-1	809	243	243	0	0%
20	Facebook	0	886	213	237	24	11%
21	Sega	0	736	195	212	16	8%
22	TakeTwo Interactive	-7	2.454	300	195	-104	-35%
23	Changyou	0	738	178	181	3	2%
24	NCSoft	0	719	176	169	-6	-4%
25	Zynga	-8	872	264	168	-96	-36%

▲ 2014년 1Q 기준 게임 수익 기업 랭킹 (출처: NEWZOO 'Top 25 Companies by Game Revenues' http://www.newzoo.com/free/rankings/top-25-companies-by-game-revenues/)

PC 게임과 스마트폰 게임은 준비해야 할 것들이 완전히 다른가요?

스마트폰 게임시장이 점점 커지고 있고, 대부분의 게임회사들이 스마트폰 게임 쪽으로 체질을 개선해가고 있으니, 많은 입사지원자들이 PC 온라인 게임과 스마트폰 게임 개발이 무엇이 다르냐는 질문을 하곤 합니다.

대부분의 게임회사들이 스마트폰 게임 개발과 관련된 직군 위주로 채용을 진행하고 있으니 그런 궁금증들이 더 커져갈 것입니다.

결론부터 말씀드리자면, 다를 것 없습니다.

PC건, 스마트폰이긴 운영체제가 다른 기기에서 돌아가기만 할 뿐, 결국은 똑같은 게임입니다.

재미있게만 만들면 되는 것입니다.

플랫폼 때문에 고민하지 마세요. 조금 차이는 있지만 비슷한 프로그램을 이용해 코딩하고, 동일한 방법으로 기획하고, 동일한 그래픽 툴로 그래픽 디자인합니다.

PC 온라인 게임을 만들던 분들이 지금 모두 모바일 게임을 만들고 있고, 모바일 게임을 만들던 분들이 PC 게임을 만들기도 합니다. PC로 출시되었던 게임이 모바일로 출시되기도 하고 모바일로 출시되었던 게임이 PC로 출시되기도 합니다.

〈캔디크러쉬 사가〉처럼 모바일과 웹에서 동시에 서비스를 하며 히트를 기록하는 사례도 많습니다.

▲ 캔디크러쉬 사가 (출처: 〈캔디크러쉬 사가〉 구글플레이 앱페이지 스크린샷 https://play.google.com/store/apps/details?id=com.king.candycrushsaga)

게임이 히트 치면 재빠르게 다른 플랫폼으로 확장해가며 매출을 극대화하는 것이 현재 게임시장의 추세입니다. 처음부터 특정화된 게임 플랫폼에 겁을 먹고 무엇을 해야 할지 고민하지 않아도 됩니다.

물론 스마트폰 게임을 만들게 되면, PC에서 게임을 개발할 때와 달리 고려해야 할 것들이 있기는 합니다.

몇 가지 예를 들어볼까요? 스마트폰 게임은 말 그대로 스마트'폰'에서 돌아가는 게임입니다. 게임을 하다가 전화가 오거나 문자가 올 수도 있고, 배터리가 꺼질 수도 있습니다. 이런 갑작스러운 상황들이 발생했을 때 게임의 데이터가 무사히 저장되도록 감안이 되어 개발해야 합니다.

그리고 안정적인 네트워크 상황에서와 달리 이동을 하면서 플레이 할 수 있는 스마트폰 게임은 언제 갑자기 네트워크가 끊기게 될지 모릅니다. 이럴 경우에 대한 대비책도 세워두어야 합니다.

게다가, 스마트폰 게임은 우선 화면이 작습니다. 작은 화면에서도 모든 요소들이 보일 수 있도록 그래픽 디자인 단계에서부터 신경을 써 주어야 하고, 폰마다 해상도가 천차만별이므로, 이런 것들에 대해 어떻게 대응할 것인지도 고민을 해야 합니다.

키보드나 마우스 같은 디바이스 없이 터치 방식으로 게임이 진행되어야 하는 만큼, 조작 방식도 변경을 주어야 합니다. 양손으로 폰을 잡고 게임을 플레이해야 하니, 손가락의 위치와 크기를 고려해 모든 요소들이 디자인되어야 하겠고요.

이런 플랫폼적인 차이 때문에 개발을 진행함에 있어 게임 외적인 부분을 당연히 고려해야 하겠지만, 게임회사 입사 지망생들이 PC 온라인 게임과 스마트폰 게임의 차이 때문에 전혀 다른 무언가를 준비해야 하는 것은 아닙니다.

영화를 극장에서 볼 수도 있고, TV에서 볼 수도 있고, PC로도 볼 수 있고, 스마트폰으로 볼 수도 있는데 그렇다고 해서 제각각 다른 방식으로 영화를 만들지는 않는 것과 동일한 개념입니다.

PC 온라인이건, 스마트폰이건, 웹이건, 콘솔이건 게임 플랫폼은 부수적인 것입니다.

중요한 건 그 안에 담겨 있는 콘텐츠입니다.

걱정하지 마시고, 어떻게 하면 재미있는 게임을 개발할 수 있는지에 대해서만 집중하시길 바랍니다.

10   카카오톡이나 라인도 게임회사인가요?

카카오 게임, 라인 게임, 많이들 들어보셨을 것입니다. 국내 모바일 게임시장에서 국민 게임이라고 불리고 있는 〈애니팡〉, 〈몬스터 길들이기〉, 〈모두의 마블〉, 〈쿠키런〉, 〈드래곤 플라이트〉, 〈윈드러너〉, 〈다함께 차차차〉 등 수많은 게임들이 카카오 게임이라고 불리고 있습니다.

일본 시장에서도 〈라인팝〉, 〈라인버블〉, 〈라인 포코팡〉, 〈라인 쿠키런〉, 〈디즈니 츠무츠무〉, 〈라인 도저〉 등 수많은 게임들이 라인 게임이라는 이름으로 국민 게임으로 자리를 잡아나가고 있습니다.

하지만, 엄밀히 카카오톡Kakao Talk과 라인LINE은 게임회사는 아닙니다. 메신저 서비스 회사이지요,

▲ 카카오톡, 라인 앱 메인화면

메신저로 출발한 카카오톡과 라인은 게임, 쇼핑, SNS 등 다양한 서비스를 제공하기 시작하면서 멀티 플랫폼으로 거듭나고 있습니다. 네이버가 검색사이트로 시작했지만, 지금은 모든 서비스를 아울러 제공하는 포털사이트가 된 것과 비슷한 맥락입니다(카카오톡과 라인은 각각 한국과 일본을 대표하는 모바일의 네이버라고 생각하면 될 것 같습니다).

그렇다면, 왜 카카오톡과 라인은 게임사업을 이렇게나 적극적으로 펼치고 있는 것일까요?

메신저 서비스를 유지하는 데는 운영비가 어마어마하게 들어갑니다. 생각해보세요. 매일 수억 명의 사용자들이 수십, 수백 건에 해당하는 메시지와 사진과 파일을 주고받도록 설비를 구축하고 유지하는 데는 몇천억 원의 비용이 들어가게 마련입니다. 당연히 광고나 스티커(이모티콘) 판매만으로는 그 어마어마한 서비스 비용을 감당할 수 없습니다. 그래서 수많은 사용자들이 확보된 후, 수익성 있는 다양한 사업들을 진행하고 있으며, 가장 확실하게 수익을 창출할 수 있는 콘텐츠인 게임으로 당연히 중심이 쏠리기 시작한 것이지요.

2011년까지 카카오는 적자를 기록했지만, 2012년부터 카카오 게임하기를 서비스하면서 흑자 전환을 하기 시작했고, 2014년 4월 카카오 전체 매출 중, 게임 실적이 포함된 중계 매출이 차지하는 비중이 84%로 나타났습니다(정확히는 밝히지 않고 있지만, 업계 관계자 모두 중계 매출의 대부분이 게임 매출일 것이라 예상하고 있습니다). 라인 또한, 2014년 5월 실적발표 컨퍼런스콜에서 1분기 라인 총 매출 중 게임 매출이 전체의 60%를 차지한다고 밝혔습니다.

그리고 다음 표를 보면 확인하실 수 있겠지만, 애플 앱스토어와 구글플레이에서 서비스되는 수많은 앱들 중, 다운로드 수와 매출 순위 중 게임 앱 카테고리가 단 한 번도 1위를 놓치지 않고 차지하고 있습니다. 게임이란 콘텐츠가 가지는 사업적 가치를 한눈에 확인할 수 있는 자료이지요.

그렇다면, 카카오톡과 라인은 어떤 방법으로 메신저에서 게임 플랫폼으로 영역을 확대할 수 있었을까요?

그것은 자신들이 보유하고 있는 엄청난 수의 회원들이 있기에 가능했습니다. 이 세상에 존재하는 모든 서비스는 '사람'이 많아지면 성공하고 돈을 벌 수 있는 다양한 사업을 펼칠 수 있습니다.

2014년 3월기준 Apple Appstore 앱 카테고리 매출랭킹			2014년 3월기준 Google Play 앱 카테고리 매출랭킹		
	카테고리	전년동월대비		카테고리	전년동월대비
1	Games	-	1	Games	-
2	Social Networking	-	2	Communication	-
3	Music	↑1	3	Social	-
4	Education	↑1	4	Tools	↑1
5	Entertainment	↑1	5	Travel & Local	↓1
6	News	↑2	6	Sports	↑5
7	Productivity	↓4	7	Entertainment	↑1
8	Books	↓1	8	Productivity	↓2
9	Sports	↑3	9	Music & Audio	↑3
10	Lifestyle	↑1	10	Personalization	↓3

▲ 2014년 앱스토어 매출 랭킹 (출처: 2014년 5월자 App annie 세계의 앱시장 최신 트렌드)

다음Daum을 인수하면서 다음카카오라고 사명이 변경된 카카오톡은 국내에서만 3,000만 명 이상, 전 세계적으로는 1억 5,000명의 사용자를 아우르고 있는 국민 메신저입니다. 스마트폰을 사면 카카오톡 앱부터 설치하게 되고, 이제는 핸드폰뿐만 아니라, PC에서도 카카오톡을 사용하고 있죠.

네이버가 서비스하고 있는 라인은 국내에서는 점유율이 낮긴 하지만, 전 세계 시장에서는 카카오톡보다 몇 배나 큰 성장율과 매출 규모를 자랑하고 있습니다. 2014년 8월 기준 라인의 사용자는 5억을 돌파했습니다. 2014년 2월에는 3억 4,000만 명이라고 발표를 했으니, 6개월 만에 무려 1억 6,000만 명이 늘어난 것이지요.

라인은 2014년 말까지 6억 명 사이의 사용자 기반을 확보한 뒤 내년 말까지 10억 명을 달성한다는 로드맵을 컨퍼런스콜을 통해 발표하기도 했습니다. 카카오톡이 2013년 7월 가입자 1억 명을 돌파한 후, 1년간 5,000명 정도의 사용자가 증가한 것에 비하면 라인의 세력 확장 속도는 어마어마하게 빠른 것이지요.

갑자기 라인에 비해 카카오톡이 연약해 보인다는 생각이 들 수도 있겠지만, 분명하게 말씀드리건데 카카오톡 역시 굉장한 성장 가능성을 가지고 있는 메신저입니다. 아직 글로벌 시장에서 안착을 하지 못한 것뿐이지요. 게다가 카카오는 메신저 서비스를 게임 플랫폼으로 발전시켜 성공시킨 첫 사례를 이끌어낸 회사입니다. 선구자로서의 그 업적은 분명히 인정을 받아야 한다고 생각합니다.

카카오톡은 엄청난 수의 사용자를 확보한 뒤, 그 사용자 수를 바탕으로 본격적으로 게임사업을 전개하기 시작했습니다. '게임하기'라는 카테고리를 만들고, 그 안에서 카카오톡 친구들과 게임을 즐길 수 있는 '카카오 게임'을 런칭하기 시작한 것이지요.

▲ 카카오톡, 카카오 게임하기 앱 스크린샷

그 시작이 국민 게임인 〈애니팡〉이었습니다. 다들 알고 계시겠지만, 카카오톡의 유저들이 카카오 게임하기에서 게임을 내려받고, 친구들과 하트를 주고받고, 결제를 하기 시작하면서 〈애니팡〉은 어마어마한 매출을 거두기 시작했습니다.

▲ 애니팡 (출처: 〈애니팡〉 구글플레이 앱페이지 스크린샷 https://play.google.com/store/apps/details?id=com.sundaytoz.mobile.anipang.google.service)

여기서 카카오톡은 중개수수료 명목으로 게임 수익의 30%를 수수료를 받아가고 있지요. 〈애니팡〉 이후에도 〈캔디팡〉, 〈윈드러너〉, 〈몬스터 길들이기〉, 〈모두의 마블〉, 〈드래곤 플라이트〉, 〈다함께 차차차〉, 〈쿠키런〉, 〈포코팡〉, 〈애니팡2〉, 〈마구마구〉 등 수많은 국민 게임들이 탄생했고, 카카오는 그 많은 게임들의 수익의 30%를 고스란히 받아가며 어마어마한 수익을 거두기 시작했습니다. 그 이후 게임사업을 시작한 라인도 카카오의 모델을 그대로 차용해서 서비스하게 되었고요.

즉, 카카오톡과 라인은 엄청난 회원 수를 바탕으로 안정적인 게임 플랫폼으로의 전환을 성공하게 된 것입니다.

자신들이 보유한 몇억 명의 사용자들에게 자신들과 계약한 게임을 앱 안에서 보여주고, 메신저에 등록된 친구들과 함께 게임을 할 수 있게 해주는 기능을 제공하면서 확고한 게임 플랫폼으로 자리를 잡은 메신저 서비스 회사인 것이지요.

하지만, 이렇게 게임업계에 큰 영향력을 행사하는 두 회사이지만, 여전히 게임을 직접 만들지 않는 이상 카카오와 라인은 게임회사는 아니랍니다.

11 패키지 게임시장은 완전히 죽었나요?
취업할 수 있는 회사가 없나요?

—

"나는 패키지 게임을 개발하고 싶다. 그런데 패키지 게임시장은 이제 망한 것인가? 취업할 패키지 게임회사가 없는가?"이런 질문을 간혹 받습니다.

슬픈 이야기이긴 하지만, 냉정하게 이야기하자면 국내에서 패키지 게임시장은 빠르게 사라져가고 있는 상황입니다.

2013년 제작된 대한민국 게임백서의 통계 자료에서 확인할 수 있듯, 급성장을 거듭하고 있는 온라인 게임과 모바일 게임에 비해 패키지 게임(PC 게임)의 성장세가 정체되고 비중이 줄어들고 있다는 것을 확실하게 볼 수 있습니다.

하지만, 그렇다고 해서 패키지 게임 개발을 할 수 없는 건 아닙니다. 정확하게 이야기하자면 패키지 게임시장은 망했지만 망하지 않았습니다. 아직까지 패키지 게임을 개발할 수 있는 방법은 매우 많습니다.

국내 게임시장의 규모와 전망 (단위: 억 원)

구분	2012년		2013년 (E)		2014년 (E)		2015년 (E)	
	매출액	성장률	매출액	성장률	매출액	성장률	매출액	성장률
온라인게임	67,839	8.8%	73,333	8.1%	78,759	7.4%	83,642	6.2%
비디오게임	1,609	-40.1%	1,518	-5.6%	2,055	35.4%	2,903	41.3%
모바일게임	8,009	89.1%	12,125	51.4%	13,119	8.2%	14,050	7.1%
PC게임	680	608.3%	198	-70.9%	402	103.0%	144	-64.2%
아케이드게임	791	7.5%	800	1.2%	811	1.4%	821	1.3%
PC방	17,932	4.5%	18,613	3.8%	17,663	-5.1%	17,097	-3.2%
아케이드게임장	665	-12.8%	596	-10.3%	535	-10.1%	481	-10.0%
합계	97,525	10.8%	107,183	9.9%	113,344	5.7%	119,138	5.1%

▲ 국내 게임시장의 규모와 전망 (출처: 2013 대한민국 게임백서 (한국콘텐츠진흥원, 문화체육관광부 발간)

이게 무슨 말인지 난해하시죠? 지금부터 이 부분에 대해 이야기를 풀어나가겠습니다.

1990년대 초 정도였을까요? 〈어스토니시아 스토리〉, 〈창세기전〉, 〈그날이 오면〉, 〈홍길동전〉, 〈피와 기티〉, 〈폭스레인저〉 등의 국산 패키지 게임들이 게이머들의 사랑을 받으면서 시장의 큰 비중을 차지하던 시절이 분명히 있었습니다. 아마도 제가 기억하는 국내 패키지 게임시장의 끝은 〈악튜러스〉, 〈마그나카르타〉, 〈화이트데이〉 정도가 장식한 2001년 즈음이 아니었나 싶습니다.

손노리와 그라비티가 공동으로 개발한 〈악튜러스〉는 온라인 게임 시장의 한 획을 그은 〈라그나로크〉의 모태가 되었고, 〈마그나카르타〉는 후속작부터 엑스박스 타이틀로 옮겨가서 개발이 되기 시작했으며, 〈화이트데이〉는 불법복제로 인한 국산 패키지 시장의 몰락을 상징하는 바로미터가 되어, 지금까지도 '저주받은 명작'으로 회자가 되고 있습니다.

▲ 〈악튜러스〉 (출처: 악튜러스 커뮤니티 '악튜러스 홀릭' http://cafe.naver.com/0cafe0/)

▲ 〈화이트데이〉 게임 패키지 이미지

많은 분들이 불법복제 때문에 국산 패키지 시장이 몰락했다고 이야기하곤 합니다. 사실 틀린 말은 아닙니다. 당시 새로운 게임이 발매되면, 불법 와레즈 사이트에서 판매량의 몇 배에 달하는 다운로드 수가 발생하기도 했었죠. 불법복제 시장이 워낙 커지다 보니, 해외 패키지 게임들이 한글화와 정식발매를 포기하게 된 것이고, 어떻게든 게임을 하고 싶은 유저들이 다시 불법복제 사이트를 이용하게 되면서 와레즈가 더 흥하게 되는 악순환 고리가 만들어진 것이죠.

하지만, 불법복제가 없었으면, 지금까지 패키지 게임시장이 살아남았을까요? 사실 전 아니라고 봅니다.

이미 〈화이트데이〉가 출시되기 전부터 게임시장은 리니지와 바람의 나라를 시작으로 온라인으로 넘어가고 있었습니다. 〈포트리스〉, 〈크레이지아케이드〉, 〈한게임〉, 〈넷마블〉, 〈피망〉 등 대중적인 온라인 게임들이 쏟아져 나오면서 시장의 비중은 급격하게 온라인으로 이동을 하게 된 것이고요. 마치 LP에서 테이프로, 테이프에서 CD로, CD에서 MP3로 넘어가듯 당연한 수순이었지요. 슬픈 이야기지만 패키지 게임이 계속 출시되었더라도 이미 온라인 게임시장과의 경쟁에서는 이길 수 없었을 것입니다.

패키지 판매에서 승승장구하던 블리자드의 게임들이, 점점 온라인으로 무대를 옮겨가는 것만 보더라도 전 세계 시장의 흐름이 온라인으로 이동하고 있다는 것을 예측할 수 있지요(지금도 블리자드 게임들은 패키지를 판매하고는 있지만, 사실상 온라인 게임의 단순 설치 파일을 판매하고 있는 것이죠. 패키지를 구매하지 않더라도 온라인으로 모든 걸 처리할 수 있으며, 온라인 네트워크 환경이 갖추어져 있지 않으면 게임플레이 자체가 불가능합니다).

네, 온라인 게임시장에 접어들며 사실상 패키지 게임은 사장되어 버렸습니다. 한편, 앞서 이야기한 것처럼 패키지 게임시장은 아직 살아 있습니다. 어떻게 살아있느냐고요?

모바일 게임시장에 들어오면서 대부활을 하게 되었습니다.

PC의 기능을 스마트폰이 대체하고 있는 시대의 흐름에 맞추어, 스마트폰에 매우 적합한 패키지 게임이 다시 살아나게 된 것입니다. 급속도로 커지고 있는 모바일 게임시장에서는 패키지 형태의 게임들이 큰 역할을 하고 있습니다.

단적인 예로, 전 세계적인 히트작인 〈앵그리버드〉도 싱글플레이 기반의 패키지형 게임입니다. 모바일 시장에 맞게 부분유료화 모델을 탑재하고는 있지만, 계속적으로 네트워크와 맞물려 타유저들과 플레이를 해야 하는 온라인 게임과는 그 성격이 분명히 다릅니다. 부분유료화가 붙어 있는 패키지 게임이라고 보시면 이해가 쉬울 듯합니다.

전 세계에서 히트를 쳤고, 카카오 게임으로도 출시된 〈캔디 크러쉬 사가〉를 한번 보시죠. 친구들과 순위 경쟁을 하고는 있고 친구들에게 도움 요청을 보내기는 하지만, 결국은 혼자 스테이지를 클리어해 나가는 싱글 게임입니다. 2013년 12월 발매와 동시에 일본 앱스토어 시장을 석권해버린 〈드래곤퀘스트 VIII〉 예로 들면 어떨까요? PS2 타이틀을 모바일로 이식한 것이긴 하지만, 이 게임도 사실상 패키지 게임과 다를 바 없습니다. 패키지 게임의 성격을 띤 비디오 게임 타이틀이 모바일로 넘어와 대성공을 거둔 것이죠. 〈마인크래프트〉, 〈킹덤러시〉, 〈아스팔트〉, 〈팔라독〉, 〈플랜츠앤좀비〉 모두 부분유료화가 탑재된 패키지 게임이라고 볼 수 있습니다.

국내 모바일 게임시장의 예를 한번 들어볼까요? 국내에서 히트를 치고 있는 게임들 중, 멀티 온라인 게임의 가면을 쓰고는 있지만, 그 속을 뜯어보면 사실상 싱글 패키지 게임에 가까운 것들이 더 많이 있습니다. 〈방탈출〉과 〈회색도시〉란 게임은 누가 봐도 모바일로 이식된 패키지 게임입니다. 〈집사들의 연애사정〉이라는 연애 시뮬레이션 게임은 전형적인 패키지 게임의 정석입니다. 패키지 게임의 명작이었던 〈그날이 오면〉이 카카오톡 게임으로 출시된 건 알고 계시나요? 창세기전이 모바일 게임 〈이너월드〉에서 등장해서 그 전통을 이어나가고 있는 건 알고 계시나요?

▲ 〈이너월드〉 (출처: 〈이너월드〉 구글플레이 앱페이지 스크린샷 https://play.google.com/store/apps/details?id=com.nhncorp.SKINNERWORLD&hl=ko)

네. 패키지 게임 '시장'은 죽었습니다.

하지만, 패키지 '게임'은 살아 있습니다.

변화되는 플랫폼에 맞게 모바일로 옮겨져 그 모습과 성격을 바꾸어 아직까지도 살아있습니다. 심지어 큰 영향력을 행사하고 있습니다. 패키지 게임을 개발하고 싶은데 패키지 게임시장이 죽어 걱정인 분들께 이런 이야기를 드리고 싶습니다.

게임 개발을 할 때는, 플랫폼에 너무 비중을 두지 않으셨으면 합니다. 게임만 재미있다면, 어떤 플랫폼에서라도 게임은 반드시 성공하게 되어 있습니다.

시장을 이끌어가는 플랫폼이 온라인 게임이 될지, 모바일 게임이 될지, 비디오 게임이 될지, 지금까지 등장하지 않은 새로운 디바이스가 될지 그 누구도 모를 노릇입니다. 패키지 게임의 장점이었던 여러 가지 요소들을 다른 플랫폼에서 어떻게 살려낼 수 있을지만 고민하시면 됩니다.

12

게임업계의 미래는 어떤가요?

개임개발자가 되는 것을 꿈꾸거나, 목표 직업
으로 삼아도 되겠느냐는 질문 메일을 상당히 많이 받습니다. 게임회사
에 들어가고는 싶지만, 대기업 게임회사에 들어가거나 어느 정도 규모
가 있는 업체에 들어가지 못하면 평생 박봉과 야근에 시달리기만 할 것
같은데, 이 일을 직업으로 삼아도 되는지에 대한 고민을 굉장히 많이
하시는 듯합니다.

게다가, 워낙 사회, 정치적으로 게임을 유해한 매체로 몰아붙이며
각종 규제 정책들을 쏟아내고 있으니, 게임업계 지망생 분들의 입장에
서는, 이 직업을 꿈으로 가지고 인생을 걸어 봐도 될 것인지 불안과 걱
정이 팽배하는 것은 당연한 일이라고 생각됩니다.

하지만, 이에 대해 개인적인 생각부터 말씀드리자면 안타깝고 한심
합니다!

어째서 자신의 꿈을 조건과 상황에 맞춰 결정하려는 것인지 궁금합니다. 아니, 애초에 꿈이란 것은 조건과 상황을 보고 결정할 수 있는 성격의 것이 아니지 않나요? 자신이 진심으로 하고 싶은 일이 있다면, 애초에 그런 조건들은 눈에 보이지도 않을 것입니다. 조건을 고려해서 꿈을 정하려 한다는건, 그 일이 자신에게 그만큼 간절하지 않기 때문입니다.

전 중학교 때부터 만화가가 되는 것이 꿈이었습니다(그때는 웹툰시장이 없었고 출판만화시장만 있었지요). 그때도 상위 1%에 들어가는 인기만화가가 되지 못하면, 돈도 제대로 못 벌고, 언제 잘릴지 모르는 불안한 직업이란 인식이 팽배했습니다. 그래도 전 그런 얘기는 아무것도 귀에 들어오지 않았고 그냥 제가 하고 싶은 일을 하겠다는 생각밖에 없었습니다. 그래서 매일 원고를 만들어서 출판사를 찾아 다니고, 만화가들 쫓아다니며 어깨 너머로 그림 그리는 방법들을 배워오곤 했습니다. 그렇게 고등학생, 대학생 생활을 보내게 되었고 모신문사에서 처음 연재 제의를 하게 되어 만화가에 대한 꿈을 이룰 수 있게 되었습니다(이런 저런 사정이 있다 보니, 지금은 게임업계에서 자리를 잡게 되었지만요).

제가 잘했고 잘났다는 게 아니라, 성공하지 못한 저조차도 이런 생각으로 앞만 보고 달렸었다는 이야기를 하고 있는 겁니다.

왜 벌써부터 먹고 살 걱정을 하며, 꿈을 타협하려는지 슬프고 안타까울 따름입니다. 진심으로요!

혹시 요즘 연예인 하겠다고 기획사 드나드는 아이들을 한심하게 바라보진 않나요? 전 그들이 굉장히 훌륭하다고 생각합니다. 상위 1%의

연예인이 되지 못하면, 그들 또한 먹고 살기도 어려울 정도의 경제난에
허덕이게 될 겁니다.

하지만, 그런 것들은 생각도 안 하고 (물론 못할 수도 있겠지만) 자신
의 꿈을 위해 죽어라고 노력하고 있지 않습니까?

조건과 상황을 맞춰가면서 개발자가 되는 것을 꿈으로 삼아도 될지
말지 고민하는 분들보다 저는 이 연예인 지망생들이 몇 배나 훌륭하다
고 생각됩니다.

한 가지만 분명히 말씀드리자면, 게임 개발뿐만 아니라 금융, 유통,
전자, 건설, 기계, 서비스, 디자인, 요식업 등 어떤 분야에서 일을 하게
되더라도 상위 1%에 들지 못하면 힘들고 야근 많이 하고 박봉에 시달

리는 건 똑같습니다. 왜 프로그래머, 혹은 IT 업계만 그렇다고 생각하시죠?

꿈이 있다면, 그 직업으로 먹고 살 일을 걱정하기 전에 어떻게 해야 그 분야에서 최고가 될지를 먼저 생각하시기 바랍니다. 먹고 살 걱정부터 앞선다면 우리나라에서 영화, 만화, 음악, 공연 등 문화산업에서 일하는 사람은 모두 사라지게 될 겁니다.

어느 업계든지, 자신이 능력을 갖춰서 큰 회사, 대기업으로 가게 되면 돈도 많이 받고 좋은 복지조건 속에서 안정적으로 일하실 수 있습니다. 그렇지 않다면 어느 업계로 가더라도 평생 먹고 살 걱정을 하게 됩니다.

저도 제가 이런 소리를 하게 될 줄은 상상도 못했습니다만. 벌써부터 꿈을 타협하려 하지 마시고, 상위 1%가 되기 위해 공부를 더 하고,

자기 자신에게 투자를 더 하시기 바랍니다. 꿈이 있다면 해야 할 일이 명확해지고, 할 일이 명확해지면 언제나 시간이 부족해집니다. 이런 고민을 할 시간도 없을 겁니다.

혹시라도 게임을 유해한 것으로 몰아가는 사회적인 분위기에 위축되어 게임 개발자가 되는 것을 망설이시는 분이 있다면, 다음과 같은 이야기를 해드리고 싶습니다.

일단 게임은 사회적으로 굉장히 유해한 매체로 취급 받는 것이 현실이고, 온갖 규제정책들이 끊이지 않고 법안에 오르고 있는 것도 의심할 여지가 없는 사실입니다.

청소년 보호를 위해 셧다운제를 실행해야 한다느니, 여성가족부가 중독치료를 위해 게임업계 전체 매출액의 100분의 1을 징수하겠다느니, 청소년의 베타테스트 및 아이템 거래를 금지해야 한다느니, 청소년의 게임 기록을 담임에게 제공해야 한다느니, 알코올, 마약, 도박과 함께 게임을 4대 중독물질/행위로 포함하고 정신적 질병으로 관리해야 한다느니, 셧다운제가 전혀 효과가 없다는 연구 결과가 쏟아지고 있는데도 셧다운 시간을 늘려야 한다느니, 여당, 야당, 각종 정부기관들에서 서로 질세라 효율 없고 현실성 없는 게임 규제 정책들을 쏟아내고 있습니다.

심지어 19대 대통령께서는 대한민국 최대 게임쇼인 지스타에 직접 참석해 "게임이야말로 미래산업"이라며 말을 하고, 게임을 5대 킬러 콘텐츠로 선정, 집중육성하겠다고 공약은 했지만, 여당인 새누리당의 황우여 대표와 신의진 의원은 게임을 마약, 도박과 함께 4대 중독으로 분류하고 관리하겠다는 정책을 제안해 국민의 비난을 받았던 사례도 있었습니다.

게임은 전 세계 각국에서 서로 부흥시키기 위해 안달이 나 있는 최고의 문화 산업입니다. 전 세계 모든 국가가 서로 자국의 문화산업을 육성하기 위해 보호와 육성 정책을 쏟아내고 있는데, 어째서 이 대한민국이란 나라에서만은 가만두면 잘 굴러갈 자국의 문화산업을 죽이지 못해 이렇게 쉴 새 없이 규제정책만을 펼치는 것일까요?

간단합니다.

게임이 너무 돈을 잘벌고 발전가능성이 무궁무진하기 때문입니다.

대한민국 영화산업의 2012년 매출액은 4조 1,500억 원, 수출액은 2,900만 달러였습니다. 대한민국 음악산업의 2012년 매출액은 4조 2,000억 원, 수출액은 2억 3,500만 달러였습니다. 그렇다면 항상 규제 대상이고, 유해하고, 마약만큼 나쁜 것이고, 모든 부모님들이 싫어하는 게임산업의 규모는 어느 정도일까요? 게임산업의 2012년 매출액은 10조 5,300억 원, 수출액은 27억 8,700만 달러였습니다.

국내의 주요 문화산업을 합친 것보다도 큰 경제규모를 게임산업 혼자 형성하고 있습니다.

게임은 이렇게나 돈을 잘 벌어 들이고 있는 문화산업입니다. 그러니 여당, 야당 할 것 없이 모든 정부기관이 게임업계에 영향력을 행사하고 싶어하는 것입니다. 정치적인 이슈 때문에 형성되고 있는 게임업계에 대한 부정적인 시선과 규제정책에 위축되지 않기를 바랍니다. 게임은 전 세계적으로 가장 촉망 받는 최고의 문화산업입니다. 현존하는 문화 산업 중, 가장 상위 레벨의 기술이 모조리 집약된 문화콘텐츠입니다.

부디, 자신이 하고 싶은 일이 있다면 조건, 주변상황, 사회적인 시선 따위에 신경 쓰지 마시고 꿈만을 바라보면서 미친듯이 전진하시길 진심으로 기원하겠습니다.

한때 연예인을 '딴따라'라고 부르며 경시했지만, 지금은 케이팝K-POP 산업을 이끌어가는 주축으로 평가받는 것처럼 게임을 바라보는 모든 부정적인 시선들이 언젠가는 사라질 것이라고 믿습니다.

Chapter 3

게임회사
전문가들의 이야기

01__

게임 개발팀 PD가
인력을 채용하는 기준은?
(강형석. 스마일게이트 Next스튜디오 PD)

Q **반갑습니다. 먼저 자기 소개를 부탁드립니다.**

A 안녕하세요 스마일게이트 Next스튜디오 강형석 PD입니다. 예전에 네오위즈게임즈에 재직하면서 〈워로드〉, 〈야구의 신〉 개발에 참여했고, NHN에 재직하면서 캐주얼게임 사업부에서 PM 역할을 한 경험이 있습니다.

지금은 스마일게이트에서 〈영웅의 품격 for kakao〉를 비롯한 몇 개의 모바일 게임 개발을 총괄하고 있습니다.

Q **계속 온라인 게임 쪽에서 일을 하다가 모바일 게임의 개발을 총괄하는 PD 역할로 자리를 잡으셨습니다. 온라인에서 모바일로 전향을 하게 된 특별한 이유가 있었나요?**

A 특별한 이유에서 모바일을 선택했다기보다는, 가장 떠오르고 있는 신규 시장을 자연스럽게 선택한 것이었습니다. 2년 전부터 성장하기 시작한 모바일 게임시장은 마치 서부 황금시대를 연상케 할 정도로 기회의 땅이었거든요.

그때는 시대의 흐름을 타고 갔지만 개발을 하다 보니 이제는 모바일의 매력에 흠뻑 빠지게 되었습니다.

특히 모바일 게임은 온라인 게임보다 더 많은 유저들이 더 쉽게 접할 수 있다는 장점이 있는데 그런 점이 매력적인 것 같습니다.

Q 아무래도 그렇겠지요. PC 게임은 게임하려고 마음을 먹고, 시간을 내어 컴퓨터 앞에 앉아 게임을 시작해야 하는데 모바일 게임은 시간과 장소에 구애받지 않고 스마트폰만 꺼내면 바로 게임을 시작할 수 있으니까요.

A 네, 그래서 지금은 모바일에서만 구현할 수 있는 더 재미있는 요소들을 고민하고 만들어가는 재미에 빠져서 열심히 개발하고 있습니다.

Q 자, 아무래도 모바일 게임 개발을 총괄하시는 분을 대상으로 인터뷰를 하는 것이니만큼, 모바일 개발팀에 입사하기를 희망하는 지원자분들이 궁금해 하는 내용들에 대해 많이 말씀해주시면 좋겠습니다. 차근차근 질문을 드리겠습니다.

보통 모바일 게임 개발팀은 몇 명 정도로 이루어져 있나요? 기획자, 프로그래머, 그래픽 디자이너가 각각 몇 명씩 있는 것인지...

A 개발팀 구성은 어떤 게임을 만드느냐에 따라서 천차만별이기는 한데요, 모바일 3D RPG 게임을 기준으로 본다면 20명 내외의 개발팀으로 구성하게 됩니다.

기획자(시스템, 설정) 5명, 프로그래머(클라이언트, 서버) 6명, 그래픽 디자이너(캐릭터원화, 배경원화, UI, 캐릭터 모델링, 배경 모델링, 애니메이션, 이펙트) 9명 정도 비율입니다.

이것은 저희 게임의 사례를 말씀드리는 것이고, 사실 프로젝

트에 따라서 구성이 많이 달라질 수밖에 없으니 참고만 하시기
바랍니다.

Q 게임 개발팀에 들어오고 싶어하는 입사지원자들은 게임을 얼마나 해야 하나요? 구
체적으로 알려주시면 좋을 것 같습니다. 그래픽이나 프로그래머 분들의 경우, 게임
을 전혀 모르더라도 실력만 좋으면 관계 없다고도 하던데 사실인가요?

A 네. 게임은 여러 분야의 전문가들이 모여서 만들기 때문에 각자
맡은 역할을 충실히 수행하는 것이 가장 중요합니다.

물론 게임을 좋아하고 많이 플레이하면 일하는 데 당연히 도
움은 되지만, 현실적으로 말씀드린다면 게임을 많이 하는 것보다
는 게임을 만들 수 있는 능력을 갖추는 것이 더 중요하다고 생각
합니다. 저라면, 게임을 좋아하는 사람보다는 게임을 잘 만들 수
있는 사람을 뽑겠습니다.

그래도 입사지원을 하게 된다면 회사에 대한 최소한의 예의
로 해당 회사의 게임을 높은 레벨까지 플레이하고 오는 게 가산
점은 있을 것 같습니다.

Q 개발 PD로서, 팀원들을 뽑으실 때 어떤 점을 가장 중점적으로 보시나요? 기획자,
프로그래머, 그래픽 디자이너를 뽑을 때 각기 중요하게 보시는 부분이 다를 것 같
은데 후배들을 위한다는 생각으로 자세하게 팁을 주시면 감사하겠습니다.

A 기획은 정답이 없는 분야이기 때문에 기획자는 논리력이 가장 중
요합니다. 논리적 사고를 기반으로 다양한 재료(다른 게임들의 사

레, 유저들 반응, 경험 등)를 가지고 재미를 만들어야 하기 때문입니다.

프로그래머는 체계적인 사고와 협업 자세가 중요합니다. 기획자가 설계한 시스템을 프로그래머가 구현해야 하기 때문에 기획자와의 협업이 매우 중요하고 시스템을 프로그래머가 구현하는 과정에서 기획서 분석을 통해 프로그램적으로 더 나은 구조로 만들어야 하는 경우도 많기 때문에 체계적인 사고도 필요합니다. 업무량도 가장 많은 직군이다 보니 체력과 끈기도 중요합니다.

그래픽 디자이너는 게임 컨셉에 맞는 디자인을 만들어내는 능력이 중요합니다. 당연히 기본 역량이 높을수록 좋습니다. 하지만 역량이 아무리 좋아도 게임 컨셉과 맞지 않는 디자이너를 채용할 수는 없으니 실력이 있으면서도 게임의 분위기와 잘 맞는 그림을 그릴 수 있는지를 우선적으로 보고 있습니다.

Q 혹시 PD님이 싫어하거나 꺼리는 인재상이 있나요? '이런 사람은 절대로 뽑지 않는다'라고 하는...

A 저는 수동적인 사람을 별로 좋아하지 않습니다. 게임은 여러 분야의 전문가들이 모여서 만들기 때문에 리더 한 명의 역량만으로는 한계가 있습니다. 각 분야를 담당하고 있는 개발자들이 자신의 결과물에 대해서 누가 시키지 않아도 스스로 한 번 더 고민하고 작업하는 것이 좋은 게임을 만들기 위해서 반드시 필요합니다.

Q 일반적인 게임회사들은 서류전형 이후 직군면접, 인성면접 등을 거쳐 채용이 확정되는데, 스마일게이트도 비슷한가요? 혹시 스마일게이트만의 특별한 채용 프로세스, 혹은 시스템이 있다면 알려주시기 바랍니다.

A 채용 프로세스는 다른 회사들과 크게 다르지 않습니다.

다른 회사에 비해 자기소개서와 포트폴리오를 중요하게 보는 편인데 업무에 적합한 인력인지를 확인하는 것도 있지만, 얼마나 성의 있게 자기소개서와 포트폴리오를 준비했는가를 보면 스마일게이트에 입사하려는 의지가 어느 정도인지를 알 수 있기 때문입니다.

Q PD님께서 다니셨던 네오위즈, NHN, 스마일게이트 모두 대형 게임회사들이었습니다. 신입사원때부터 지금의 면접관 위치에 오르기까지, 면접이나 채용과정에서 겪었던 에피소드나 이슈가 있을까요? 지원자분들에게 도움이 될만한 경험담을 하나 정도 부탁드립니다.

A 스마일게이트에서 공채 면접관으로 참여했을 때가 기억에 남는 것 같습니다. 다대다 면접을 진행하게 되었는데, 같은 질문을 여러 명에게 물어보았는데 모든 분들에게서 똑같은 대답을 듣게 되었습니다. 면접관들에게 깊은 인상을 심어주는 것이 중요합니다. 남들과 비슷한 대답을 해서는 절대 두드러질 수 없습니다. 평범한 답변보다는 다소 위험부담을 안더라도 기억에 남을 만한 특별한 답을 하는 게 좋습니다.

논리적인 근거를 가지고 생각을 정리한 답을 이야기하면 좋은 인상을 줄 수 있습니다.

Q 스마일게이트는 〈크로스파이어〉가 중국에서 국민 게임으로 자리잡으면서 연매출이 1조에 달하는 엄청난 돈을 벌고 있는 것으로 알려져 있습니다. 매출규모만으로는 국내 게임업체 중 세 손가락 안에 들어가는데, 혹시 크로스파이어 팀 말고 다른 게임개발팀이 많이 있나요?

스마일게이트 게임 개발팀에 입사를 하고 싶어하는 지망생들에게 다양한 자리가 있는 것인지 알려주세요.

A 스마일게이트에서는 온라인과 모바일을 포함해서 굉장히 많고 다양한 장르의 게임을 개발하고 있습니다.

게임 개발에 대한 열정이 있고 본인이 지원하는 직군에 준비가 되어 있는 인재라면 도전하시라고 권하고 싶습니다.

Q 마지막으로 스마일게이트를 포함해 게임회사의 개발팀에 입사하고 싶은 지원자 분들에게 한마디 부탁드립니다.

A 게임을 플레이하는 것과 만드는 것은 정말 다른 일 같습니다. 게임을 만든다는 것은 누군가에게 재미를 제공해야 하는 것이고 그 누군가는 한두 명이 아니라 수백만이 넘을 수도 있습니다. 정말 쉽지 않은 일이기 때문에 큰 책임감과 열정이 필요합니다.

저는 "우리가 한 번 더 고민하고 만들면 유저는 그만큼 재미있는 게임을 즐길 수 있다."라는 말을 자주 합니다. 우리가 창조한 세계인 게임을 유저들이 플레이하고 피드를 주는 것만큼 재미있는 일도 없는 것 같습니다. 게임을 만드는 일은 그만큼 가치 있는 일이니 열정과 실력을 갖춘 분이라면 게임 개발에 주저 말고 도전하시면 좋겠습니다.

02__

게임사업 직군으로 입사하고 싶을 때,
준비해야 할 것은?

(김현섭. 엔씨소프트 사업팀장)

Q 안녕하세요. 김현섭 팀장님. 인터뷰에 응해주셔서 감사합니다. 먼저 본인 소개를 부탁드립니다.

A 안녕하세요. 저는 엔씨소프트에서 MMORPG 사업 업무를 담당하고 있는 김현섭이라고 합니다. 내부 사정상 담당 프로젝트명을 밝히기 어려운 점은 양해를 부탁드립니다. 저희 회사의 메인 타이틀 중 하나이니, 대충 예상이 되실 수도 있을 것입니다.

Q 학생 때 엔씨소프트에 처음 들어가셨던 것으로 기억합니다. 재학 중에 대형 게임업체에 입사하는 건 상당히 특이 케이스인데...어떻게 학생 때 엔씨소프트에 들어갈 수 있었나요?

A 입사 지원을 하게 된 것은 군에 있을 때였습니다. 말년 병장 시절 너무 할 일이 없어서 친구에게 전화를 걸었는데 그 친구가 엔씨소프트에서 계약직 프로그래머로 일하고 있었습니다. 말년이다 보니 슬슬 취업도 신경 쓰이고 해서 부대 사무실 인터넷 PC를 통해 엔씨소프트에 들어갔다가 입사지원까지 하게 되었지요. 서

류를 통과하고 면접을 외박 일정에 맞추어 나갔는데, 당시로서는 학교를 3학년까지만 마쳐 둔 상태였고 1년을 더 다녔어야 했습니다.

면접 당시 팀장님께 최소한의 출석일수로 학교를 가고 모자라는 부분은 야근으로 대체하겠다는 약속을 한 적이 있습니다. 하지만, 이 부분은 지원자가 이야기할 수 있는 부분은 아니고 회사에서 배려해줘야 가능하겠죠. 운이 좋았다고밖에 이야기할 수 없겠습니다.

물론 회사에서도 학교 가는 것을 배려할 만큼 필요한 사람으로 느끼도록 자신을 어필하는 게 중요하겠죠. 제가 지원했던 분야는 캐주얼 게임의 GM이었는데, 어려서부터 꾸준히 플레이해 왔던 콘솔 게임 플레이 경험과 학교 교과 과정으로 배웠던 게임 디자인(기획) 과정이 당시 MMORPG 인력이 대부분이었던 엔씨소프트에 어필하지 않았을까 생각합니다.

Q_ 일반적으로 공채나 수시채용을 통해 입사를 하는 것에 비교하면 학생 때 입사를 하고 정직원으로 전환이 되고, 지금의 자리에 오기까지의 팀장님의 이력은 확실히 특이한 면이 있는 듯합니다. 그런 경우가 많은가요? 혹은 요즘에도 가능할까요?

A_ 저와 같은 케이스를 본 적은 없지만 안 될 이유는 없다고 생각합니다. 가능성은 열려 있다고 말하고 싶습니다. 최근 3년 사이에 인턴사원을 정규직으로 채용시키기 위해 4학년 2학기를 계약직으로 고용한 케이스도 있었고, 정직원이 석사과정을 밟는 경우

도 업무시간을 배려하는 것을 본 적도 있습니다. 물론 이런 경우 회사가 배려한 만큼 개인도 학교에 가는 날짜/시간을 최소화하는 조절은 필요하겠지요. 정말 필요한 사람이라면 그 사람과 함께하기 위해 회사가 할 수 있는 일이 무엇일지 고민하는 게 보통입니다.

Q 일반적인 게임회사들은 서류전형 이후 직군면접, 인성면접 등을 거쳐 채용이 확정되는데 엔씨소프트도 비슷하겠지요? 혹시 엔씨소프트 채용과정만의 차별점이 있다면 알려주세요.

A 다른 회사의 경우, 직군면접까지 통과되고 나면 인성면접은 형식상 진행하는 케이스가 많다고 하던데, 저희는 인성면접 과정이 굉장히 중요합니다. 서류, 직군면접까지 긍정적 의견으로 통과하고 인성면접에서 탈락하는 경우를 최근 지켜본 수시채용 건을 몇 차례 봤습니다. 인턴을 뽑을 때도 인성면접 결과가 실무 팀장 선까지 전달되며 그 결과가 단순히 점수가 아니라 '해설' 형태로 도착해 실무에서 심도 있게 판단할 수 있게 합니다.

수시채용하는 경우는 집에서 인터넷을 통해 인성면접을 보는데요, "인성면접이니까 요식행위로 하는 거겠지."라는 생각으로 1번으로 객관식 답안을 밀어쓰면 탈락하게 됩니다!

진지하게 고민해서 답을 쓰셔야 합니다!!

Q 현재 사업팀을 맡고 계십니다. 신입사원을 채용하는 과정에서 면접을 많이 진행해 보셨을 텐데요, 사실 포트폴리오나 테스트를 통해 실력을 어필하기 용이한 개발팀 지원자들에 비해, 사업쪽을 지망하는 지원자들은 자신의 능력을 어떻게 보여주어야 하는지 상당히 난감해하고 합니다. 혹시 이러이러한 것들을 준비하면 도움이 될 것 이라는 팁을 주실 수 있을까요?

A 국내/외 게임 산업에 대한 이해가 있다면 좋습니다. 면접을 진행하다 보면 자신만의 시각이 있는지, 단순히 어디서 기사 좀 읽고 온 수준인지 알 수 있습니다.

사업 영역의 경우 기술보다는 넓은 시야와 시의적절한 판단이 주요한 직군이기에 업계에 무슨 일이 있는지 항상 촉각을 곤두세워야 합니다. 사업직군을 고려하고 있는 지원자라면 업계의 소식, 게임 비평 등을 평소에 많이 접하면서 자신의 시각을 기르는 훈련을 하면 도움이 될 겁니다. 특히 논란이 있는 사안이라면 다양한 입장에서 생각하고 자신 안에서 토론을 벌여보는 것도 좋습니다.

그리고 일반적으로, 포트폴리오로 파워포인트 문서를 요구하는 경우가 많습니다. 파워포인트 문서를 통해 생각, 문장력, 문서 디자인 감각까지도 보는데요. 특히 중요한 것이 바로 자신의 생각을 전달하는 스토리라인입니다. 대학생 지원자들의 문서를 보면 설명하느라 주장이나 맥락을 표현하지 못하는 경우가 많은데요, '내가 하고 싶은 말이 이거다.' 하는 주제가 잘 드러나는 게 가장 중요하고 그 주제 이해를 돕는 설명이나 참고자료가 문서의 주인공이 되지 않도록 주의하기 바랍니다. 마치 문서 작성 교과서 같은 이야기를 했는데, 디자인 예쁘고 문장도 괜찮은데 '문서 전체가 주제 없는 참고자료'인 경우를 보면 참 마음이 아파요.

Q 면접지원자들이 엔씨소프트 사업직군 면접에서 팀장님을 만나기를 고대하시라는 의미에서 면접 때 어떤 질문을 하셨는지 한 두 개만 오픈해주실 수 있나요?

A 최근에 제일 재미있게 한 게임이 뭐예요? 그 게임이 왜 재미있어요? 그 게임이 왜 성공한 것(못한 것) 같아요? 이 패턴의 질문을 하곤 합니다.

개인적인 게임에 대한 경험과 감상을 어떻게 설명하는지를 먼저 보고, 개인적인 경험에서 벗어나 게임의 성패 요인을 객관화해서 설명할 수 있는지 봅니다.

Q 싫어하거나 꺼리시는 인재상이 있나요? '이런 사람은 절대로 뽑지 않는다' 등...

A 커뮤니케이션 스킬이 떨어지는 경우 꺼리게 됩니다. 말하는 태도가 좋지 않고 이야기를 풀어가는 논리가 없는 경우 커뮤니케이션이 안 된다고 판단합니다. 사업 직군은 문서, 회의로 업무를 진행하는 경우가 많으며 항상 이야기하는 상대방이 있기 때문에 커뮤니케이션에 문제가 있으면 그 사람 머릿 속에 아무리 좋은 것이 있어도 빛이 나지 않거든요.

Q 엔씨소프트에 입사를 하는 지원자들은 엔씨소프트 게임을 많이 해봐야 하나요? 해야 한다면, 어떤 게임을 어느 정도 수준으로 해야 할까요? 지원분야에 대한 능력은 출중한데, 엔씨소프트 게임을 전혀 해보지 않은 지원자가 있다면 어떻게 하시겠습니까?

A 엔씨소프트 게임은 당연히 해보면 좋습니다. 입사하고 나서도 업무에 좀 더 빠르게 적응할 수 있게 될 것이고, 자신이 면접을 진행하는 회사에 대한 성의를 보여주는 것이니까요. 하지만, 엔씨소프트 게임이 아니라고 하더라도 타사 게임을 깊게 해 본 경험이 있다면 담당 프로덕트는 입사 후 경험해보면 되기 때문에 당락을 가르는 필수 기준이라고 보기는 어렵습니다. 능력은 출중한데 게임 경험만 없는 거라면 당연히 뽑습니다.

Q 게임 관련 자격증에 대해서는 어떻게 생각하시나요? 필요할까요?

A 제가 게임기획전문가 자격증이 있지만, 필요 없습니다. 좀 더 정확히 이야기해보면 다른 여러 가지 것들을 하면서 거기에 게임 관련 자격증까지 있으면 다양한 노력을 했다고 평가하겠지만. 국가 자격증 말고 별로 볼 것이 없다면 크게 어필하지 못할 겁니다.

Q 마지막으로 사업, 서비스, 마케팅 등 게임회사의 비개발직군을 지망하는 수많은 입사지원자 후배분들께 도움이 될만한 한마디 부탁드립니다. 혹은 엔씨소프트에 들어오고 싶어하는 지원자들을 대상으로 이야기해주셔도 됩니다.

Ⴎ 게임 그 자체만을 가지고 승부하는 시대는 끝났습니다. 좋은 게임을 만드는 것 못지 않게 게임을 잘 마케팅하고 서비스하는 것이 중요한 시대이며, 그만큼 업계에서도 그 중요성을 잘 인식하고 있는 분야입니다.

멋진 후배분들과 함께 일하고 싶습니다. 꼭 봅시다!

라이엇게임즈 같은 외국계 회사에
입사하고 싶다면?
(김우진. 라이엇게임즈 e스포츠팀 과장)

Q_ 반갑습니다, 김우진 과장님. 정말 많은 회사를 거친 것으로 알고 있습니다. 게임 업계 이력만을 중심으로 간략하게 본인 소개를 부탁드립니다.

A_ 안녕하세요, 라이엇게임즈 e스포츠커뮤니케이션본부 e스포츠팀에서 근무하고 있는 김우진(Paul Kim)이라고 합니다. 학창시절부터 좋아하던 게임을 저의 천직으로 생각하고, 현재 7년째 게임업계에 몸담아 일을 하고 있습니다.

　라이엇게임즈에 합류하기 전에는 위메이트엔터테인먼트 콘텐츠사업본부에서 프로게임단 관련 업무를 했었고, JCE(현 조이시티) 프리스타일 풋볼 사업팀 소속으로 업무를 하였습니다. 현재는 라이엇게임즈에서 〈리그 오브 레전드〉 게임을 활용하여 e스포츠에 대한 전반적인 계획을 바탕으로 공식 e스포츠 대회의 기본 토대를 만드는 운영 실무를 담당하고 있습니다.

Q_ 압도적인 온라인 게임 점유율을 기록하고 있는 〈리그 오브 레전드(League of Legends: 이하 LoL)〉의 개발사인 '라이엇게임즈'에 재직하고 계시니, 아마도 많은

게임회사 입사지망생 분들이 부러워할 것 같고 궁금한 점도 많을 것 같습니다.

무엇부터 질문을 시작해볼까요? 현재 근무하고 계신 곳은 라이엇게임즈 미국 본사인가요?

A_ 제가 근무하고 있는 곳은 국내 서비스 및 및 관련 사업을 진행하는 한국오피스입니다. 라이엇게임즈는 2006년에 설립된 미국 산타모니카에 본사를 두고 있는 온라인 게임 개발사이며, 한국뿐만 아니라, 유럽(아일랜드, 독일, 러시아 등), 남미(브라질), 오세아니아(호주), 아시아(일본 등)에 지사가 있어 〈LoL〉을 여러 국가에 게임을 서비스하고 있습니다.

한국오피스는 국내 정식 서비스가 시작되기 전인 2011년에 설립되었으며, 올해 4년째를 맞이하였습니다. 저는 운 좋게 한국지사 설립 초기에 라이엇게임즈에 합류하게 되어 현재까지 재직 중입니다.

Q_ **한국지사에는 사업, 마케팅, CS, 홍보 등 서비스 분야의 인력들이 대체로 근무하겠지요? 개발팀은 미국 본사에 모두 근무할 것 같은데, 어떻게 게임서비스를 진행할 수 있는 건가요?**

A_ 〈LoL〉의 전반적인 개발을 담당하는 개발팀은 본사에 위치하고 있지만, 최적의 게임 서비스를 하기 위해 필요한 업무들은 각 지역별로 담당하는 팀들이 있어 본사와 유기적인 커뮤니케이션을 통해 함께 만들어 가고 있습니다.

〈LoL〉을 특정 국가에서 성공적으로 서비스하기 위해서는 해당 국가 플레이어들의 성향, 게임 플레이 스타일 등을 고려하여 최적의 현지화 작업이 필요합니다. 이를 위해서 라이엇게임즈코리아는 한국 게이머들이 관심 있어 하는 부분들이 무엇인지, 어떤 부분에 재미와 흥미를 가지고 있는지 정확하게 파악하는 작업을 수행합니다. 이 내용을 본사의 개발팀에게 전달하면 게임을 개발하는 과정에서 각 지역의 특성 및 피드백을 고려한 내용들을 최대한 반영해 게임을 커스터마이즈하곤 합니다. 한국의 경우, 구미호에서 영감을 얻은 챔피언 개발팀이 한국형 챔피언 〈아리〉를 개발하기도 했지요.

그리고 게임 서비스에 중요한 요소인 게임 밸런스 부분에서는 모든 직원이 항상 플레이어의 피드백에 귀를 기울여 의견을 반영하고 있습니다. 게임의 재미를 위해 일방적으로 유리해지거나 불리해지는 상황을 최대한 방지하기 위해 노력하고 있으며, 플레이어들이 챔피언 밸런싱, 게임 패치 등에 대해 활발하게 의견을 주고 있어 유용한 피드백들을 최대한 많이 참고하고 있습니다.

Q 자, 이제부터 본격적으로 입사 지원자 분들이 궁금해 하실 내용들을 물어보겠습니다. 본사와 협업을 해야 한다면 외국어 능력은 필수인가요? 라이엇게임즈 한국지사에 입사할 때도 외국어 능력이 필요한지, 필요하다면 어느 수준의 외국어 능력이 필요한 것인지, 어떤 외국어 능력이 선호되는지까지 팁을 주시면 좋을 것 같습니다.

A 제 경험상 느낀 부분들을 토대로 말씀 드리겠습니다. 먼저 말씀 드리고 싶은 것은, 기본적인 영어 능력을 보유하고 있다면 활용

할 측면이 많다는 부분입니다. 업무에 있어 최상의 결과를 얻기 위해 본사와의 협업 업무가 많고, 지속적인 커뮤니케이션이 발생할 수 밖에 없는 상황이 많습니다. 본사와의 업무 미팅, 컨퍼런스 콜 등의 시간이 종종 있어 영어 능력이 필요한 덕목이 될 수도 있습니다. 비즈니스 레벨 수준의 영어 구사 능력Business email skill, 타 부서와의 원활한 커뮤니케이션 능력Basic English communication 등과 같이 외국어 특히 영어를 활용할 수 있는 능력이 있다면 업무에 많은 도움이 될 것입니다. 하지만, 외국어 능력 부분은 어느 직무에 소속되느냐에 따라 편차가 존재하며, 상황에 따라 반드시 필요한 역량이 아닐 수도 있다는 점도 말씀드리고 싶습니다.

Q 다른 외국계열 회사의 경우, 외국어를 전혀 못하더라도 입사가 가능한 사례를 본 적이 있는데요. 그 회사의 경우, 면접 때도 통역관이 같이 들어갔다고 하더군요.
라이엇게임즈코리아는 면접 역시 영어로 진행되었나요? 외국어 능력이 면접에서 차지하는 비중이 얼마나 될까요?

A 직무 및 직급에 따라서 영어 면접, 즉 글로벌 면접이 진행될 수도 있습니다. 글로벌 면접이 진행된다면 영어로 진행되게 됩니다. 저 역시 몇 차례 면접 과정을 거쳐 입사를 하게 되었으며, 글로벌 면접을 최종적으로 본사 임원분과 일대일 영어 면접을 진행했었습니다. 그때를 회상하면 굉장히 떨려서 어떻게 1시간 동안 영어를 했는지 기억이 안 날 정도네요. 글로벌 면접이 차지하는 비중을 정확히 말씀드리기는 어렵지만, 채용과정에서 있어 단계별로

중요한 과정 중에 하나임은 확실합니다.

Q 라이엇게임즈에 입사하려면 리그오브레전드를 얼마나 잘 혹은 많이 해야 하나요?

A 〈LoL〉을 경험한 사람이 플레이어의 마음을 가장 잘 이해할 수 있고 그들을 위한 게임을 만들 수 있기에, 기본적으로 하드코어 게임 플레이어임이 기본적인 채용 자격기준이 되고 있습니다. 하드코어 게임 플레이어란 게임에 대한 열정을 가지고 플레이를 해본 사람들을 얘기하는 것이며, 게임을 무조건 많이 하는 것, 게임일 무조건 잘하는 것과는 크게 연관성이 없습니다.

게임을 잘하면 좋겠지만 못하더라도 그 부분은 입사에 큰 걸림돌이 되지 않을 것으로 생각됩니다. 저의 입사 당시를 생각하면 〈LoL〉을 접한 지 얼마 되지 않아, 게임을 능숙하게 잘하는 편은 아니었지만 한번 게임을 시작하면 노력하는 자세로 정말 열심히 플레이했던 기억이 있습니다. 사실 지금도 게임을 그리 잘하지는 못합니다만, 한번 시작하면 정말 열과 성의를 다해 게임을 한답니다.

게임을 잘하기 위해 시간을 투자하고 실력을 높이는 데 중점을 두기보다는, 게임에 대한 기본적인 이해도를 가지고 심도 있게 플레이하는 것을 추천 드립니다. 하지만, 게임을 잘한다면 회사에서 사랑 받을 수 있는 직원이 될 수 있을 듯 합니다.

Q 한국의 게임회사와 외국의 게임회사를 모두 경험하셨습니다. 한국 같은 경우, 서류 전형 이후 직군면접, 인성면접 등을 거쳐 채용이 확정되는데, 라이엇게임즈는 어떤 가요? 입사 과정에서 외국계열 회사이기 때문에 특이하다거나 다른 점이 있었나요?

A 홈페이지에 채용 절차가 설명되어 있듯이, 입사를 위해서는 서류 전형 → 직무면접 → 인성면접의 절차를 거치게 됩니다. 타 게임 회사와 비교하여 채용과정에서의 특이점은 없지만, 제가 경험한 다른 회사들에 비해 굉장히 신중하게 인재를 선발한다는 점을 말 씀드리고 싶습니다.

업무 능력, 인성 등의 모든 사항들을 면밀히 검토하여 후보자 가 라이엇게임즈에 입사하면 회사 문화, 직무에 잘 적응하고, 장 기적으로 자신이 가지고 있는 능력을 충분히 발휘하고 있는 인재 인가에 대한 고민을 걸쳐 인재를 뽑는 것으로 알고 있습니다.

Q 한국에 지사를 두고 있는 게임회사들의 경우, 신입공채를 통해 신입인력들을 채용 하기보다는 업계에서 어느 정도 경력이 되는 베테랑을 위주로 채용한다는 이야기를 들은 적이 있습니다. 라이엇게임즈의 경우, 신입사원을 많이 채용하나요? 아니면 경력직 사원들이 대부분인가요?

A 한국오피스 설립 초기에 라이엇게임즈는 게임 업계에서는 후발 주자여서 경력자 위주로 조직이 꾸려지게 되어 경력이 있는 베테 랑들이 그 당시 많이 합류하게 되었습니다. 저 또한 이 시기에 합 류한 1인이구요. 현재 경력직 사원이 각 팀에 많이 분포되어 있 으나, 신입사원도 지속적으로 채용하고 있는 것으로 알고 있습니

다. 인턴사원으로 입사하여 수습기간을 거쳐 정직원이 되는 경우도 있고, 바로 실무에 투입할 수 있는 해당 직무 경험이 풍부한 베테랑을 채용하는 경우도 있습니다. 경력직을 선호하기보다는 기본 능력이 있고 게임에 대한 열정이 있는 분들은 언제나 좋은 기회를 통해 입사가 가능할 것으로 생각됩니다.

Q 처음 회사에 지원을 할 때(혹은 면접에 갔을 때) 포트폴리오를 준비하셨나요? 개발 직군과는 달리 서비스나 사업직군은 어떤 걸 준비해 가야 할지 난감해 하는 지원자들이 많습니다.

A 저는 면접 당시에 따로 포트폴리오를 준비하지는 않았습니다. 하지만, 어떤 직원분은 자기 소개 및 포트폴리오 PT를 멋지게 준비해서 당시 면접관들에게 큰 감동을 주었다는 소문이 있었습니다.

각 직군에 따라 다를 수 있지만, 직무 면접 시에 해당 업무 관련 PT를 진행하기도 합니다. 사전에 면접 후보자에게 업무 관련 PT 과제를 주어 이를 면접 시에 10~15분 정도 발표하는 경우도 있으며, 이는 모든 직군에 해당하는 것은 아닙니다.

Q 직군과 관계없이 라이엇게임즈에 입사하고 싶은 지원자분들이 꼭 명심해야 할 내용들이 있을까요? 이런 인재상을 특히 회사가 선호한다거나, 이런 타입은 싫어한다거나, 학력은 이 정도는 되어야 한다거나 등

A 라이엇게임즈는 개발자가 보여주고 싶은 게임, 회사가 원하는 게임이 아니라 플레이어(사용자)가 원하는 게임을 만들고 서비스

하겠다는 가치관을 함께 발전시킬 인재를 선호합니다. 항상 플레이어의 마음을 감동시킬 수 있는, 항상 이용자 중심에서 생각하는 자세를 가지고 있는 인재를 좋아합니다. 논리적인 사고, 문제 해결에 있어 스마트한 자세, 타 부서 및 외부 업체와의 원활한 커뮤니케이션 능력 그리고 게임 업계에 대한 기본 지식과 인사이트insight가 있다면 금상첨화겠죠? 그리고 당연히 게임을 즐기고, 게임에 대한 이해와 열정이 있는 분들이 지원에 관심이 있으시겠죠?

Q 혹시 알고 계실지 모르겠지만, 경영 전문지 「비즈니스 인사이더(Business Insider)」와 미국 채용사이트 글래스도어(Glassdoor)가 작년에 발표한 '가장 근무하기 좋은 테크놀로지 기업 순위'에서 라이엇게임즈가 페이스북, 가이드와이어, 리버베드에 어이 4번째를 차지했습니다. 게임업계 중에서는 블리자드나 EA를 따돌리고 세계 최고의 환경을 갖춘 게임회사라는 이야기인데요. 라이엇게임즈코리아의 근무 환경은 어떤가요? 본사와 비슷한가요?

A 구글의 수영장, 엔씨소프트의 찜질방은 없지만 기본적인 복지시설은 잘 갖추어져 있습니다. 직원 수나 문화적인 차이로 인해 본사와 근무 환경이 조금 다르기는 하나, 한국오피스도 웬만한 대기업 게임회사 일명 3N(엔씨소프트, 넥슨, NHN)에 비교해도 손색이 없을 정도로 직원들을 위한 회사 차원의 배려, 복지환경, 사무실 시설들은 잘 갖추어져 있습니다.

Q 라이엇게임즈는 법적으로 보장된 15일의 휴가뿐 아니라 그 이상도 얼마든지 사용할 수 있는 휴가 무제한 정책을 지원하고 있다는 기사를 본 적이 있습니다. 사실인가요?

A 네 사실입니다. 직원들이 언제든지 휴식이나 재충전을 할 수 있도록 연차일수 제한 없이 무제한으로 휴가를 사용할 수 있습니다. 즉 법적으로 보장된 15일뿐 아니라 그 이상도 사용이 가능합니다. 자신이 맡은 업무를 내팽개치고 휴가를 사용하는 직원은 당연히 있을 수 없겠죠.

일과 삶의 균형을 스스로 맞추어 휴가를 유기적으로 잘 활용하면 즐거운 직장생활을 할 수 있을 거라 생각합니다.

Q 회사에 대해 혹시 더 해주고 싶은 이야기가 있으면 해주세요. 라이엇게임즈에 들어가고 싶어할 후배들에게 도움이 될만한 것으로요.

A 라이엇게임즈는 '플레이어를 중심에 두는 기업We Aspire to be the most Player-Focused Game Compnay in the World'의 기업 철학에 근거하여 글로벌하게 게임 서비스를 진행하고 있습니다. 매출을 극대화하여 돈을 많이 버는 게임을 만드는 게 아니라, 플레이어가 원하는 게임을 만드는 것이 회사의 최우선 목표입니다. 이 부분은 타 게임회사과는 기본 기업 철학이 조금은 달라 보일 수 있다고 생각합니다.

또한, 라이엇게임즈에는 직원들이 항상 숙지하고 추구해야할 독특한 사내 문화가 있습니다. 이를 다섯 가지 매니페스토manifesto라 지칭하고 있으며, 내용은 다음과 같습니다.

1. Player Experience First(우리는 플레이어의 경험을 최우선으로 삼는다)
2. Challenge Convention(우리는 관습에 저항한다)
3. Focus on Talent and Team(재능과 팀워크에 집중하라)
4. Take Play Seriously(게임을 진지한 태도로 대하라)
5. Stay Hungry, Stay Humble(늘 겸손한 자세로 노력한다)

라이엇게임즈는 플레이어를 가장 중심에 둠으로써 게임을 즐기는 이용자들은 물론 라이엇게임즈에서 근무하는 직원들까지 모두 만족시킬 수 있다는 믿음을 가지고 게임을 서비스하고 있습니다.

Q 마지막으로 라이엇게임즈를 포함해 게임회사에 입사하고 싶은 지원자분들에게 한 마디 부탁드립니다.

A 미래를 예측해서 단언하기는 어렵지만, 이것만은 게임회사에 입사를 희망하는 지원자들에게 얘기하고 싶습니다.

콘텐츠로서 게임은 여전히 수천, 수백만 가지의 잠재력을 가지고 있다는 것입니다. 흔히 말하는 '천재는 노력하는 자를 이길 수 없고, 노력하는 자는 즐기는 자를 이길 수 없다.'라는 말처럼 다양한 방법, 루트를 통해 경험과 지식을 갖춘 분들이라면 누구든지 즐기면서 일을 할 수 있는 곳이 게임회사입니다.

항상 준비된 자세가 되어 있다면 게임회사 입사의 길은 그리

어렵지 않을 것으로 생각됩니다.

게임업계에 지원을 희망하시는 분들은 주저하지 말고, 도전해 보시기 바랍니다. 게임산업은 새로운 콘텐츠 가치를 높일 수 있는 high quality creation입니다. 창의적인 생각, 스마트한 마인드를 가지고 있는 즐겁게 일하고 싶은 분들은 언제든지 도전하세요!

04_

인사팀에서 직원을 뽑을 때
중요하게 보는 것은?
(문연미. 네오위즈 채용담당자)

Q 반갑습니다. 먼저 자기 소개를 부탁드립니다.

A 저는 네오위즈게임즈 인사팀 채용담당자 문연미입니다. 주 업무로는 채용 및 조직관리 업무를 맡고 있습니다.

Q 인사팀이 무슨 일을 하는지 모르시는 분들이 의외로 많습니다. 실제로 회사 내에서는 많은 일을 하고 있지만, 일반적인 지원자 분들의 경우, '인사팀'이라고 하면 '채용'에 대한 일만 하고 있다고 떠올리게 마련인 듯합니다. 인사팀이 어떤 역할을 하는 부서인지 설명을 부탁드립니다.

A 인사는 크게 '교육, 평가보상 및 급여, 채용 및 조직관리'로 나눠볼 수 있습니다.

먼저, 교육 파트에서는 전직원을 대상으로 개개인의 역량을 개발시켜 조직의 성과로 이어지도록 교육하는 업무를 합니다.

급여 및 평가보상 파트에서는 말 그대로 급여를 지급하고, 연초에 세운 목표를 토대로 조직 내 제도화된 체계에 따라 평가제도를 개선, 평가 결과를 관리 및 보상하는 업무를 합니다. 그리고 채용 및 조직관리 파트에서는 인적자원을 효과적으로 확보 및 운영하고 기업의 비전을 전파, 조직문화제도를 기획하는 업무를 합니다.

Q 인사팀에서는 입사 지원자들의 탈락 여부에 어느 정도 관여를 하게 되나요?

A 채용에 있어서 프로세스에 따른 인사팀의 관여도가 회사마다 다르긴 합니다. 서류전형부터 인사팀이 모든 단계에 영향을 미치는 경우도 있고, 일체 합격 여부에 관여하지 않고 프로세스만 관리하는 회사도 있습니다. 궁극적으로 어느 회사든지 공통적인 인사팀의 역할이라고 한다면 훌륭한 지원자를 선별하고, 현업에서 보지 못하거나 놓쳤던 부분을 감지하여 포지션과 회사에 적합한 인재를 채용할 수 있도록 돕는 것이라고 볼 수 있습니다.

네오위즈게임즈의 경우, 실제 서류전형 단계에서는 관여하지 않습니다. 다만, 접수된 이력서는 전체적으로 검토하며 채용하기 부적합한 이력서의 경우 현업팀에 따로 의견을 전달합니다.

Q 일반적으로, 직군면접에서는 지원한 분야의 전문지식, 실무에 대한 내용들이 검증되고 인성면접에서는 그 사람의 성품, 성격, 팀워크, 커뮤니케이션 능력 등을 검증한다고 알고 있습니다. 그렇다면 채용과정 전체를 총괄하는 인사팀의 입장에서는 지원자들의 어떤 면을 중시하나요?

A 인사팀에서는 실무,인성 전반적인 부분을 모두 본다고 생각하시면 됩니다. 실무의 경우 직무 특성에 맞는지를 중시하고, 인성의

경우 저희 회사의 인재상과의 부합성과 조직문화에 어울리는지를 주로 보게 됩니다.

Q 면접이나 필기시험 단계로 넘어가기에 앞서, 지원자 분들은 서류전형 과정에서 궁금한 것들이 많을 겁니다. 서류에 적힌 내용을 정말로 모두 읽어보시나요? 그리고 그것들이 합격 여부에 크게 영향을 미치나요?

A 네!! 모두 읽어봅니다. 사람이 곧 회사인 게임회사에서 인력을 충원하는 일은 굉장히 중요한 일입니다. 그렇기 때문에 게임회사 인사담당자들은 번거롭더라도 서류 전형에서 모든 서류를 읽어봅니다.

저희 회사의 경우 신입은 대학생활을 하면서 활동한 경험 및 자기소개서, 포트폴리오를 중심으로 보고, 경력의 경우 프로젝트 및 경력사항, 포트폴리오를 중심으로 서류전형을 검토합니다. 공통적으로 경험을 통해 얻은 스킬에 더불어 포지션에 기대되는 역량, 동료와의 협업, 회사와의 인재상 적합 여부 등을 추가적으로 보게 됩니다.

Q 경력을 거짓으로 기재하거나 부풀려서 기재하는 경우, 이를 어떻게 판별하시나요? 혹은 이미 회사에 들어왔는데 뒤늦게 거짓 경력임이 밝혀지면 어떻게 되나요?

A 면접 시, 행동이나 사례를 여러 방향으로 질문하다 보면 결국 거짓은 밝혀지게 되어있습니다. 꼬리물기 질문이라고도 하죠? 실제 경험한 사례중심으로 질문을 하다 보면 그 사람의 가치관, 업

무성향, 장단점 등을 파악할 수 있어요.

하지만, 사람인지라 거짓을 판별하지 못하는 경우도 있죠. 입사 이후, 거짓 경력임이 밝혀지게 되더라도 회사에는 '수습평가'라는 보호제도가 있습니다. 실제로 근무를 해보면 알 수 있는 부분이기 때문에, 이럴 경우 수습평가 종료 시점에 입사 취소를 하게 됩니다.

또한, 수습평가 외에도 입사지원서에서 진실임을 밝힌다는 서명을 받는다든가 입사자 서약서에 입사 후 지원 당시 사실이 아닌 부분을 어필했을 경우 입사 취소를 할 수 있다는 조항을 넣어서 진행하기도 합니다.

Q 점수, 자격증, 학점과 같은 소위 '스펙'에 목 매는 현상이 요즘 대학생들에게서 많이 나타나고 있습니다. 이런 것들이 실제로 게임회사에 들어오는데 얼마나 중요하다고 생각하시나요?

A 네오위즈게임즈는 스펙을 크게 중요하게 생각하지 않습니다. 물론, 스펙이 좋은 분들이 싫다는 건 아니고, 스펙이 좋고 나쁘고로 지원자를 섣부르게 판단하지 않는다는 이야기 입니다. 하지만, 업무상 필요에 의해 봐야 하는 부서도 있어요. 예를 들면 해외사업 업무를 하는 팀에서 채용을 할 경우요. 이런 경우는 실제 업무에 필요한 부분이기에 외국어 점수를 볼 수밖에 없죠. 하지만, 사실상 지원자가 회사나 해당 직무에 얼마나 관심이 있고, 평소에도 그 직무에 필요한 역량을 쌓기 위해 얼마나 노력해 왔는지가

중요하기 때문에 스펙보다는 관련 경험이나 지식을 더욱 중요시 합니다.

Q 신입과 경력직 선발시에는 아무래도 평가 기준이 다를 것 같습니다. 경력직의 경우 채용공고를 보면 어떤 파트에서 어떤 일을 구체적으로 하게 될지 모두 기재되어 있지만 신입은 그렇지 못합니다. 신입 채용과정에서 중요시 되는 사항이 있다면 무엇일까요?

A 회사는 신입에게 업무를 완벽하게 하는 것을 바라지 않아요. 저도 신입시절에는 실수도 많이 했어요. 이건 당연한 거라고 생각해요. 물론 업무 습득력이 빨라 다른 신입에 비해 잘하는 친구는 있을 수 있어도 크게 차이는 없어요. 잘 해내는 건 이후 문제라고 생각하고요. 그렇다면 회사에서는 어떤 기준으로 신입을 채용할까요?

회사에서 혹은 선배입장에서 신입에게 바라는 것은, 회사와 잘 어우러질 수 있고 열정을 갖고 업무를 즐길 수 있는 사람입니다. 신입사원만이 보여줄 수 있는 신입다운 모습이죠.

Q 다소 일반적인 질문일 수는 있지만, 많은 대학생 분들이 물어오는 질문이니 한번 드려보겠습니다. 좋아하는 일과 잘하는 일 중 어떤 것을 선택해야 할지 고민하는 학생분들이 많습니다. 인사 담당자의 입장에서 후배들에게 어떤 대답을 해주고 싶으신가요?

A 일반적인 질문이면서 어려운 질문이네요. 좋아하는 일을 잘할 수 있다면 금상첨화지만 사실 그러기는 쉽지 않아요. 제가 생각하기

에는 어디에 초점을 두고 일을 할건지가 가장 중요한 것 같아요. 잘하는 일을 선택했지만 행복하지 않으면 과연 그 일을 즐겁게 할 수 있을까요? 반대로 좋아하는 일을 선택했지만 원하는 삶(연봉, 복지, 야근 등)을 살지 못한다면요? 그것도 장기적으로 봤을 때 행복할 수 있을까요?

나에게 맞는 완벽한 100점짜리 직장은 많지 않아요. 결국 자기가 선택한 범위 안에서 즐거움을 찾고 그 일에 대해 책임을 질 수 있는지가 가장 중요하다고 생각합니다. 둘 중에 어떤 길을 선택하고 가더라도 만족하고 할 수 있는 일이 뭔지를 고민해보시면 좋을 것 같아요.

Q 마지막으로 게임회사 입사 지원자들에게 도움이 될만한 조언을 하나 해주실 수 있을까요? 채용과정에서 이런 짓은 절대로 하지 말라거나, 이런 것들을 꼭 준비하라거나 등

A 최대한 많은 경험을 해보세요. 여행, 아르바이트, 취미생활 등 안타깝게도 요즘 스펙 쌓기에 급급하여 그 나이 때 해봐야 할 일을 하지 못하는 분들이 많더라고요. 여러 가지 경험을 해보면 오히려 본인이 어떤 걸 잘하는지, 어떤 걸 좋아하는지 의외의 상황에서 깨닫게 되는 경우가 있어요.

신입 분들의 이력서를 보다 보면 다재다능한 분들이 오히려 취업을 못하는 경우가 많은 것을 알 수 있습니다. 다재다능하다면 그 중에서도 더 잘하는 일이 있을 것입니다. 아무런 재능이 없

는 사람은 없습니다. 남들보다 조금 더 잘하고, 남들보다 한두 시간 덜 자고도 즐겁게 할 수 있는 일이 무엇인지 찾아보세요.

스스로 인정하는 자신 있는 일이 있다면, 회사에서도 당신의 장점을 알아 줄 것입니다.

05__

대학에서 게임을 제대로
전공하고 싶다면?

(백철호. 홍익대 게임학부 교수)

Q 안녕하세요. 백철호 교수님. 인터뷰에 응해주셔서 감사합니다. 게임회사 입사 지망
생 학생들에게 팁을 주신다는 생각으로 편하게 답을 해주시면 감사하겠습니다. 인
터뷰에 앞서 간단하게 교수님의 소개를 부탁드립니다.

A 저는 2002년 홍익대에 게임학부가 개설된 후, 2004년 전임교수
로는 처음 임용되어 10년 동안 몸담고 있습니다. 홍익대는 실무
를 겸하고 있는 교수들이 많은데 저 또한 회사를 운영하면서 컴
퓨터 애니메이션, 게임 원화, 게임 제작을 해왔습니다. 참고로 저
는 캐나다 교포로, 한국에 들어온 지는 14년 되었는데 캐나다에
서는 90년대 중반 Global TV라는 토론토에 소재한 방송사에서
근무를 하였습니다.

게임 관련한 업무는 캐나다 NTN Interactive 사에서 AOL^America
Online 서비스에 올라가는 초창기 멀티유저^multi-user 온라인 게임을
기획/제작했습니다. 2000년대에 한국에 들어와서 초기에는 주로
애니메이션 관련 작업을 하였습니다. 지금은 뽀로로 제작자로 유
명한 아이코닉스가 금강기획의 한 부서로 있을 때 만났던 최종일

사장님 도움으로 오콘 사에서 애니메이션 기획을 시작하여, 한때 국내에서는 최초로 미국 WB 공중파 방송으로 성공한 큐빅스 애니메이션을 만든 시네픽스에서 아쿠아키즈 애니메이션 제작에 참여하기도 했습니다. 홍대에 임용되기 바로 직전에는 지금은 천만 관객 동원으로 유명해진 〈변호인〉의 양우석 감독님과 인디펜던스 사에서 〈에그콜라〉라는 극장용 애니메이션 작업을 했었고, 미국 카네기멜론대학교의 엔터테인먼트테크놀로지센터ETC에서 게임디자인을 연수하기도 했습니다.

Q 명문대의 한 축인 홍익대학교에 게임학부가 있다는 사실을 의외로 많은 분들이 잘 모릅니다. 홍익대학교 게임학부에 대해 소개를 부탁드립니다.

A 2002년 신설된 홍익대 게임학부는 게임소프트웨어와 게임 그래픽디자인이라는 두 전공으로 이루어져 있습니다. 공학과 예술학 전공이 함께 있는 단일학부는 홍익대가 유일하디고 할 수 있습니다. 이렇게 단일 학부의 경우 실제로 각 계열의 학생들이 공동으로 게임 제작에 참여해 큰 시너지를 보고 있습니다.

여기서 시너지란 각 전문성을 완벽하게 갖춘 두 분야가 부딪칠 때 발휘될 수 있기 때문에 각 전공은 전문성을 최대한 살릴 수 있는 교육 과정을 운용하고 있습니다.

게임그래픽디자인 전공은 캐릭터, 애니메이션, 그래픽, 인터랙션 디자인, 인터페이스 등 복합적인 요소를 지닌 게임디자인 분야에 특성화된 디자인 교육이 중심입니다. 디자인의 기본 소양, 드로잉 등 기본 교육 과정은 물론 본격적으로 게임을 제작하는 스튜디오 수업을 통해 실무경험을 제공하는 학습 과정도 마련했습니다.

게임소프트웨어 전공은 기초 전산학과 프로그래밍 실무 위주의 교육 과정으로 이루어져 있습니다. 실시간 그래픽스 기술, 인공지능기술, 게임 엔진 활용, 게임 서브 프로그래밍, 모바일 프로그래밍 등의 전반적인 게임 제작 프로세스를 제시해 실제적인 기술과 방법을 가르치는 것을 목표로 합니다.

Q 커리큘럼이 프로그램과 그래픽 두 부분에 집중되어 있습니다. 그 이유가 무엇인지 궁금합니다. 게임기획은 다루지 않나요?

A 초기 학부를 구성할 당시 대학의 환경이 조형대와 과학기술대라는 두 단과대를 기반으로 예술과 공학의 두 트랙을 구성하는 것이 자연스러웠습니다. 따라서 인문계열인 게임기획을 초기부터 만들기는 어려웠던 것이지요. 그러나 향후 학부가 점차 커나가면서 게임기획이라는 인문계열을 만드는 것을 목표로 하고 있습니다.

단, 현재 이미 게임기획은 양쪽 전공 모두의 공동 교과로 운영되고 있습니다. 홍익대학교는 2년제 대학과는 차별화하여 단순 작업자가 아닌 리더형 인재를 키우기 위해 기획을 가르치고자 많은 투자를 하고 있습니다. 그런 학풍 속에서 졸업 후 창업을 해서 우수한 게임을 만들어내는 졸업생도 있고 대기업에서 기획 분야에 리더가 된 졸업생도 있습니다.

Q 사업, 서비스, 운영, 마케팅 등의 직군은 대형 게임업체에서(특히 퍼블리셔에서) 굉장히 수요가 많습니다. 이런 분야에 대한 교육을 받을 수는 없는 것인지요?

A 현 커리큘럼에서 운영이나 마케팅 관련 교과를 포함하는 것은 어려움이 있습니다. 이것은 학부보다는 대학원에서 이루어져야 할 것이고, 현재 산업대학원 게임프로듀싱전공이 개설되어 있어 일부 이런 교과를 포함하고 있습니다.

이런 분야에 관심을 가지고 졸업 후 마케팅 분야로 진출한 졸업생도 있기 때문에 본인의 의지에 따라 복수전공이나 부전공을 통해 필요한 능력을 갖춰 진출하는 것은 가능하다고 생각합니다.

Q 일반적으로 홍익대학교 게임학부에 입학하는 학생들의 수준이 어느 정도인지 궁금합니다. 전공분야에 대한 기반지식은 어느 정도 갖추고 들어오는 편인가요? 혹은 아무것도 모른 채 게임회사에 대한 열정만으로 입학하는 경우가 대부분인가요? 학생들이 평균적으로 어느 정도의 수준을 갖춘 채 입학을 하게 되는 것인지 알고 싶습니다.

A 홍익대학교 미술계열에는 내신 1, 2등급의 성적 우수 학생들이 입학하고 있습니다. 그 가운데서도 미술 계열은 실기 능력에서도 상위권인 학생들이 지원하고 있습니다. 게임학부는 다른 학교와는 달리 특성화된 단일 학부이다 보니 게임에 대한 관심과 열정이 큰 학생들이 지원하고 있습니다.

성적이 우수하고 열정이 크다 보니 무엇이든 배울 수 있는 흡수력이 커 전공분야에 대한 구체적인 지식이 부족하다 해도 입학 후 크게 발전할 수 있는 잠재력을 지닌 학생들이라고 생각합니다.

Q 재학 중인 학생들의 실력은 어느 정도인가요? 혹시 재학생들이 만든 작품 중 대외적으로 알려졌거나 성과를 기록한 게임이 있으면 알려주세요.

A 게임학부에는 각 30-40명 규모의 동아리가 3개 있는데 원화 창작 동아리인 '앙고라'와 게임제작을 목적으로 하는 융합 동아리 '익스디오', '오튜뷰브'입니다.

이 세 동아리가 대한민국 인디게임 공모전, 글로벌 게임제작 경진대회 등에서 매년 상을 휩쓸다시피 합니다. 특히 2011년도에는 대한민국 인디게임 공모전에서 대부분의 상을 다 수상하여 신문에 게재되는 등 화제가 되기도 했습니다.

또한, 게임학부 세 명의 학생들이 재학시절에 베인소프트라는 게임회사를 창업하여 상용화되는 게임을 만들어 화제가 되기도 했습니다.

Q 학교 분위기는 어떤가요? 이론수업과 실무수업이 어느 정도의 비율로 구성되어 있는지도 궁금하고, 학생들끼리 팀을 짜서 자발적으로 게임제작도 많이 하는지 궁금합니다.

A 대부분의 수업이 실무 중심이며 그중 이론 수업은 1, 2학년 교과에 미술사, 디자인개론, 게임학개론, 디자인기획 등이 있는데 1, 2학년 전체 과목의 약 20% 정도라고 할 수 있습니다.

게임제작을 주목적으로 시스템기획과 같은 수업이 밑바탕이 되고, 앞서 이야기한 게임제작 동아리와 학술회를 통해 자발적으로 팀별로 게임제작을 활발히 하고 있습니다.

여기서 나온 아이디어나 프로토타입 게임을 공모전에 출품하고 있습니다.

Q 굉장히 중요한 질문입니다. 학생들의 남녀 비율은 어떤가요?!! 남학생들이 가득한 공대스러운 분위기는 아닌지요?

A 여학생이 압도적으로 많은 타 미술 전공에 비해 게임그래픽디자인 전공은 남녀 비율이 4:6 정도입니다. 게임소프트웨어 전공은 타 공학계열에 비해 여학생이 많아 8:2 정도의 비율입니다. 두 전공이 학부로 묶여 있으니 자연히 분위기가 좋겠지요? 게임제작 프로젝트에도 팀을 구성해 함께 작업하다 보니 자연히 캠퍼스커플도 많이 탄생하고 있습니다.

Q 아무래도 이 글을 읽으시는 분들이 가장 궁금해 할 것은 졸업 후의 거취일 것입니다. 일반적으로 졸업생들의 게임회사 취업률이 어떻게 되는지 궁금합니다. 대형 메이저 게임업체로 입사하는 케이스도 있을 것이고, 중소 업체로 입사하는 비율도 있을 것이고, 대학원에 진학하는 케이스도 있을 텐데요, 어느 정도의 비율로 졸업생들의 거취가 나뉘는지 궁금합니다.

A 취업율은 2012년 12월 31일 기준 게임그래픽디자인 전공 82.2%, 세종캠퍼스 평균 64.4%입니다. 취업 분야는 지난 2013년 8월 기

준 취업 현황을 살펴보면 70명 졸업생 중 61%가 게임제작사에 취업, 28%가 타 업종에 취업한 것으로 조사되었습니다.

게임학부 졸업생들은 게임 산업체 이외에도 디자인, 콘텐츠 관련 국내 대기업회사에 취업한 사례가 늘고 있고, 디자이너의 역량 및 디지털 콘텐츠 관련 전문 인력으로서의 가능성과 우수성을 높게 평가받아 국내 대기업에 취업하는 사례가 해마다 증가하고 있습니다.

일례로 2013년 삼성전자 Media Solution Center UX 디자이너로 입사한 한 졸업생은 삼성전자 2013년 상반기 공채를 통해 채용되었는데 졸업 직후 높은 경쟁률의 대학원 이상 졸업자 및 경력자들과의 경쟁을 뚫고 채용된 대표 사례입니다.

지난 3년간 메이저급 게임회사에서 대형 AAA급 MMORPG 프로젝트 인력 채용에 3년 이상 경력자들로만 채용하는 전례를 깨고 실무 경력이 전혀 없는 홍익대학교 게임학부 졸업생들을 대거 채용하기 시작했습니다.

조사한 데이터로는 2011년에 졸업생의 약 40%가 엔씨소프트, 네오위즈, 넥슨 3대 메이저 게임회사에 취업했으며 해마다 취업 비율이 늘어나고 있습니다.

대학원 진학은 극히 소수로, 기업에서 어느 정도 경력이 높아져 팀장급까지 올라간 이후에 진학하는 케이스가 대부분입니다.

Q 학교와 제휴/협력 관계에 있는 게임업체들이 있나요? 졸업 후 취업이 용이하다거나, 재학 중 실무 경험을 쌓게 해준다거나 하는...

A 현재 NHN Arts, EA KOREA, 레이드몹, 바닐라브리즈, 인플레이 인터랙티브, 크리에이티브솔루션랩, 네오위즈, 노어 인터랙티브, 루트93, 티베리, 유니크커뮤니케이션, 글로브포인트, 클로버츄얼패션이라는 회사들과 인턴십 관계를 맺고 해마다 하계방학 기간 동안 학생들의 인턴십 프로그램을 운영하고 있습니다.

매 학기 실행하는 인턴십 프로그램을 통해 인턴으로 활동한 학생들 다수가 프로그램 종료 후 전원 취업되는 사례가 늘고 있습니다. 일례로 모바일 게임 중견업체인 바닐라브리즈는 게임학부와 첫 인턴프로그램 체결 후 회사측 요청으로 3명의 인턴학생 전원을 졸업 후 채용하기도 했습니다.

네오위즈는 2010년도 대형 AAA급 MMORPG 프로젝트 〈블레스〉 게임 개발에 인턴쉽을 하고 있던 게임학부 학생을 프로젝트에 포함시켰다가 이듬해 그 학생의 졸업과 동시에 정식 채용했습니다. 네오위즈는 협력 관계를 맺은 뒤 게임그래픽디자인 전공 학생들의 우수성을 확인하고 다음해 추가 인턴십 체결을 요청해 3학년 학생들을 인턴으로 채용했고, 이들 중 한 학생은 인턴기간이 끝난 직후 학교에 특별요청을 하여 4학년 2학기를 남겨둔 채 조기 채용하기도 했습니다.

2014년에는 엔씨소프트와 공식적인 MOU와 인턴쉽 협약 관계를 맺었습니다. 지금까지와 같은 하계방학 프로그램이 아니라

한 학기 동안 엔씨소프트의 인턴십 프로그램을 수료하면 9학점까지 인정받을 수 있는 파격적인 협약입니다.

Q 교수님께서 학생들에게 추천해주고 싶은 게임이 있으시면 알려주세요.

A 제 기준에서 웰메이드 게임을 추천 드리자면, 덴마크 플레이데드 Playdead사에서 출시한 〈림보Limbo〉입니다. 퍼즐 플랫폼 비디오 게임의 기존 연출 방식에서 물리적 요소와 사운드, 애니메이션 등을 고루 잘 활용한 독특한 디자인의 게임으로서 학생들에게 새로운 디자인 표현 방법을 보여준 케이스입니다.

Q 게임회사에 들어가고는 싶지만 무엇을 어떻게 준비해야 하는지, 어떤 직군을 선택해야 하는지, 상위 1%에 들지 못하면 박봉과 야근에 시달린다고 하던데 이 길을 선택해도 되는 것인지 등 많은 학생들이 게임회사 입사에 대해 다양한 고민거리를 안고 있습니다. 마지막으로, 게임회사에 들어가고 싶어하는 모든 학생들에게 도움이 될만한 조언을 하나 해주실 수 있을까요?

A 좋아하는 일을 직업으로 갖는 것은 모든 사람들의 꿈입니다. 그 꿈을 이루기 위해서는 넘어야 할 어려움이 많을 겁니다.

게임과는 조금 다른 얘기이지만 저는 처음 운전면허증을 딴 뒤 아르바이트로 모은 돈으로 폰티악 피닉스라는 75년형 중고차를 구입했습니다. 무척이나 낡은 차였지만 제가 꿈에도 원하던 최초의 자동차였습니다. 하지만, 워낙 낡아 고장이 잦아서 최대한 수리 비용을 절감하기 위해 자동차에 대해 공부하기 시작했습니다. 그렇게 자동차 부품에 대해 일일이 알아보며 공부한 덕에 지금도 18년이나 된 차를 남들보다 잘 관리하며 몰고 있습니다.

모든 일에는 시작이 있습니다. 화려한 시작도 있지만 제가 낡은 중고차를 첫 차로 구입한 것처럼 어려운 환경에서 자신의 꿈을 시작해야 할 수도 있습니다. 그러나 긍정적인 생각으로 좋은 방향으로 이끌어간다면 더 많은 것을 배우고 성장할 것이고, 결국 자신이 원하고 좋아하는 일에서 성공할 수 있을 것입니다.

그리고 한 가지 더 중요한 것은 여러분의 목표를 크게 가지라는 것입니다. 3명의 벽돌공에 대한 이야기가 있습니다. 열심히 일하고 있는 3명의 벽돌공에게 무엇을 하고 있는지 질문했습니다. 첫 번째 벽돌공은 "벽돌을 쌓는다."고 대답했고, 두 번째 벽돌공은 "벽을 쌓는다."고, 세 번째 벽돌공은 "성당을 짓고 있다."고 대답했습니다. 10년이 지난 후 첫 번째 벽돌공은 여전히 벽돌을 쌓고 있었습니다. 두 번째 벽돌공은 공사장의 소장이 되었습니다. 세 번째 벽돌공은 건설사 사장이 되었다고 합니다.

본인이 바라보는 꿈의 크기에 따라 이루어지는 결과가 달라진다는 말씀을 꼭 드리고 싶습니다. 여러분이 게임을 제작하거나 디자인하고 싶다는 꿈을 가졌다면 아마도 누가 시켜서가 아니라 자신이 좋아하는 일이기 때문일 것입니다. 그 꿈을 이루기 위해 어려움을 이겨낸다면 언젠가는 멋진 게임 제작자가 되어 있지 않을까 생각합니다.

06__

게임 아카데미에서 어떤 것을
배울 수 있는 것인지?
(박광수. 게임그래픽 학원 지지스쿨 학부장)

Q **안녕하세요. 박광수 학부장님. 현재 게임그래픽 전문 아카데미 지지스쿨의 학부장을 맡고 계시는데요, 인터뷰에 앞서 간단하게 학부장님의 소개를 부탁드립니다.**

A 전공은 3D 배경으로 시작하여 영상, 가상현실, 애니메이션, CF를 거쳐 2000년에 게임 디자인에 입문했습니다. 〈다크에덴2〉, 〈킹덤언더파이어2〉, 〈딜라이트〉 등의 게임 제작에 참여하고 현재는 지지스쿨에서 교육을 담당하고 있습니다.

Q **현재 학부장으로 계신 지지스쿨의 커리큘럼에 대해 소개를 부탁드립니다.**

A 게임 전문 학원인 지지스쿨은 원화작업을 기반으로 2D 학부(컨셉 캐릭터, 배경, UI_모바일)와 3D 학부(3D 캐릭터, 배경, 애니메이션, 이펙트)로 게임 디자인의 전 파트가 구성되어 있습니다. 아이디어 컨셉부터 게임 엔진으로 구동하기까지 디자인 전문가로서 자질을 갖추기 위한 교육 및 제작 방법을 설계하고 있습니다.

상세내용은 학원 홈페이지(http://ggschool.co.kr)를 참고하시면 될 것 같습니다.

Q 일반적으로 학원을 찾는 학생들의 수준이 어느 정도인지 궁금합니다. 그림에 대한 기본기, 혹은 기본적인 툴 사용법은 숙지하고 입학하는 경우가 대부분인가요, 혹은 전혀 아무것도 모른 채 게임회사에 대한 열정만으로 입학하는 경우가 대부분인가요?

A 학원으로 오는 학생들의 수준은 다양합니다. 하지만, 설레는 마음으로 처음부터 출발하는 사람도, 학교와 개인작업으로 어느 정도 기본기를 갖추고 있는 사람도, 늦었지만 꼭 게임을 개발하고 싶다는 사람도, 모두들 게임을 제작하겠다는 열정으로 시작을 하고 있습니다.

군이 평균적인 수준을 말씀드리자면, 그래픽을 전공한 대학생 정도로 볼 수 있습니다. 하지만, 처음 접하는 분에게 문 앞에서 입장을 제한하는 것과 같아서 선을 긋고 싶지는 않습니다. 사실 어느 정도 기본기가 있다면 학원 입장에서 편하겠지요. 성향에 맞추어 다듬어 주면 조금 빠를 수 있을 테니까요. 하지만, 처음 시작하시는 분일지라도, 더딘 속도로 진행될 수 있을지언정, 저희들이 원하는 기간 동안 기초를 확실히 다듬으면 게임을 제작하는 틀을 갖출 수 있습니다. 저희는 그러한 부분을 보충하거나 시작하게끔 만들어 주는 곳입니다. 물론 노력은 학생들의 몫이겠지만요.

Q 다른 일을 하다가 뒤늦게 게임회사에 입사를 하고 싶어 하지만, 나이 때문에 주저하는 분들이 계십니다. 학원을 찾는 분들의 연령대는 어떻게 되나요?

A 학원을 찾는 사람은 보통 젊은 층이 주를 이루지만 다른 일을 하

다가 뒤늦게 게임 제작 일을 하고자 찾아오는 분들도 많이 있습니다. 하지만, 게임 학원을 찾아오시는 정도라면 더 늦기 전에 하고 싶은 것에 도전하려는 열정적인 분들이기 때문에 나이를 개의치 않아 하십니다.

제가 학원에서 상담할 때 학생분들께 반대로 "나이가 있어 걱정이 되지 않는지"를 질문합니다. 하지만, "걱정은 되지만 후회하더라도 한 번쯤 도전을 해보고 싶다."는 분들이 많습니다. 나이 때문에 망설이지 마시고 정말 게임 개발이 하고 싶다면 문을 두드려 보셨으면 합니다.

Q_ 학생들의 숙련도에 따라, 개인 능력에 따라, 그리고 어떤 분야를 전공하느냐에 따라 차이가 있겠지만, 일반적으로 툴 사용법도 거의 제대로 모르는 학생들이 게임회사에 취직할 만한 수준에 도달하기 위해서는 어느 정도의 준비기간이 필요한가요? 노골적으로 질문을 드리자면, 어느 정도의 학원 생활을 해야 하나요?

A_ 커리큘럼을 보면 1년 과정과 6개월 과정이 있습니다. 최소한 그 기간 정도는 진행해야만 어느 정도 숙련된 실력을 갖출 수 있다고 판단합니다. 간혹 다른 곳에서 더 짧은 기간의 학습으로도 충분하지 않느냐는 이야기를 듣기도 하는데, 직접 가르치는 제 입장으로는 색감, 아이디어, 다양한 툴들을 단시간에 배우기에는 힘들다고 생각합니다. 어느 정도 일정 숙련이 정리되어야 되기 때문입니다.

Q 게임 관련 학원을 다니고 싶지만, 몇 개월간 지불해야 하는 학원 수강료는 사실 적은 금액이 아닙니다. 혹시 학원비를 지원받을 수 있는 프로그램이나 시스템 같은 것들이 있을까요? 국비 지원이라든가, 장학금이라든가 등 말이죠.

A 게임학원에서 지원받을 수 있는 시스템은 현재 고용보험에서 지원하는 계좌제 교육이 있습니다. 하지만, 계좌제 최대 교육 기간이 6개월인데, 앞에서 말씀드린 것처럼 본인이 어느 정도 준비 기간이 필요한지를 먼저 생각해보시는 것이 좋을 듯합니다.

Q 이번엔 조금 민감한 질문을 드리겠습니다. 그래픽의 경우 포트폴리오가 모든 것을 설명해주는 직군이니 조금 예외이긴 합니다만, 기획, 프로그램 등 다른 직군들의 경우, 학원만 다녀서 안정적인 대기업 게임회사에 취직하는 일이 현실적으로 가능할까요? 솔직히 저는 굉장히 많은 분들이 게임 아카데미를 자신의 학벌을 커버하기 위한 수단으로 사용하시려는 것을 많이 보아 왔습니다. "학교 공부는 하기 싫으니, 게임 학원만 수료하면 어떻게든 취직이 되겠지."라는 생각을 가진 분들이 의외로 많습니다. 학부장님의 입장에서는 어떻게 생각하시는지 의견을 부탁 드립니다.

A 네 맞습니다. 그래픽 직군은 포트폴리오가 모든 것을 설명해줍니다. 회사 경험과 본인의 성격을 뺀 디자인 실력, 노력, 이해 등 모든 것을 그림으로 보여준다 생각합니다.

그리고 말씀하신 것처럼, 저도 다른 직군에서 학벌을 커버하기 위한 수단으로 학원이 활용된 것은 보아왔습니다. 그렇다고 해도 그것이 실력이라 말할 수 없기에 대기업 게임회사에 취직하는 일이 어렵긴 합니다. 또한, "수료만 하면 어떻게든 취직이 되겠지."라는 안일한 생각은 자신을 힘들게 할 뿐이고, 저의 대답도

"과연 그럴까?"입니다.

많은 이들이 도전하는 만큼 경쟁자들이 많습니다. "이 정도면 되겠지"라는 생각을 가져서는 안 됩니다. 노력하는 만큼 결실이 이루어지는 곳이기 때문입니다. 다른 직장도 마찬가지겠지만, 부족한 노력은 부족한 보상으로 돌아오게 되어 있습니다.

Q 아무래도 이 글을 읽는 분들이 가장 궁금해 할 것은 학원을 수료한 후의 거취일 것입니다. 학원생들의 평균적인 취업률은 어떻게 되는지도 궁금합니다.

A 학원들마다 방법도 틀리고 학생들이 입문할 당시 게임업계가 흐름이 어떠한 시장이냐에 따라서 달라지긴 합니다.

성공률은 포트폴리오의 퀄리티와 작품 수도 빠른 취업에 어느 정도 작용을 하며 개인의 운도 어느 정도 작용하기에 명확하게 말씀드리긴 어렵지만, 대략 1년에 평균 70~80%선이라 말씀드리겠습니다. 취업 성공률은 각 학원 홈페이지를 활용하시면 될 것 같습니다.

Q 커리큘럼을 충실히 따라 학원생활을 마치고 나면 입사에 도움이 될만한 포트폴리오가 갖춰지게 되나요? 졸업생들의 취직을 도와주는 시스템이 있는지 궁금합니다.

A 물론입니다. 학원 커리큘럼을 충실히 따라주면 충분히 도움이 될만한 포트폴리오가 갖춰집니다. 만들어진 포트폴리오로 졸업생들의 취직을 도와주는 시스템은 각 학원마다 각기 다른 방식이 있습니다. 지지스쿨은 지지스쿨만의 방식이 있기에 공식적으로

답변 드리기는 어렵습니다만 분명히 갖추어져 있습니다.

참고로, 모든 학원 공통적인 시스템을 말씀드리자면, 게임 업계 전반에 알려져 있는 게임잡(http://gamejob.co.kr)을 활용하고 있습니다. 이때 학원에서는 이력서, 자기소개서 기술법 및 기본 입사자의 면접자세 등을 교육시키고 있습니다.

Q 게임그래픽을 전문으로 하는 지지스쿨 외에도, 많은 게임 관련 학원이 있습니다. 프로그램을 배우기에 괜찮은 학원이 있으면 추천 부탁 드립니다.

A 프로그램을 배울 수 있는 좋은 학원은 많이 있습니다. 그러나 프로그램 안에서도 많은 분야가 나뉘므로 무엇을 선택할지에 대해서는 충분히 알아보고 진행하셨으면 합니다.

꼭 추천을 원하신다면 '게임아카데미'를 추천하겠습니다 (http://www.gameacademy.or.kr/).

Q 마지막으로, 학부장님께서 학생들에게 추천해주고 싶은 게임이 있으시면 알려주세요.

A 제가 게임을 제작할 당시에는 RPG에 많이 심취해서 콘솔용 RPG를 많이 접하고 있었습니다. 〈파이널 판타지〉, 〈성검전설〉 등 일본계 시리즈와 〈디아블로2〉 등 잘 만들어진 게임들은 많습니다. 그래도 제가 웰메이드로 꼽는 게임은 〈월드오브워크래프트〉, 〈다크클라우드〉, 〈바이오쇼크2〉입니다. 워낙 기획과 시나리오들이 좋고 연출 또한 훌륭했기 때문입니다. 많이 플레이해보시길 권해 드립니다.

07_

게임회사들마다의
분위기와 문화는 어떻게 다른지?
(황인선. 한경닷컴 게임톡 기자)

Q 안녕하세요, 기자님. 인터뷰에 응해주셔서 감사합니다. 항상 인터뷰어(interviewer)의 입장에 계시다가, 인터뷰이(interviewee)가 되신 것이라 살짝 어색하실 듯합니다. 먼저 간단하게 본인 소개를 부탁드립니다.

A 안녕하세요. 저는 한경닷컴 게임톡 황인선 기자입니다. 매번 질문만 하다가 질문을 받으니 상당히 어색하고 무슨 말을 해야 할지 감이 안오네요. 앞으로 인터뷰이에게 잘해야겠다는 생각이 듭니다.

Q 한경닷컴 게임톡에 기자로 계시면서 많은 게임회사 분들을 만나서 인터뷰를 진행하신 것으로 알고 있습니다. 현재까지 몇 개의 업체를 만나보셨나요?

A 요즘은 크고 작은 신생 모바일 스타트업 기업이 많이 생겨나 콕 집어서 몇 개의 업체를 만났다고 말하기는 어렵지만, 현재 가지고 있는 명함은 대략 800장 정도입니다. 주로 대표님이나 홍보팀, 사업과 마케팅, 개발 등 다양한 부서의 분들과 만났습니다.

Q 인터뷰를 요청드리게 된 계기는 기자님께서 2014년 6월에 기고하신 "위트남 넥슨과 차도남 엔씨"라는 기사를 보고 난 후입니다(기사주소: http://www.gametoc.co.kr/news/articleView.html?idxno=19231).

게임회사들마다의 분위기와 그 회사에 재직 중인 직원들에게서 느껴지는 공통적인 인상에 대해 기사를 써주셨는데요, 개인적으로 상당히 인상적이었습니다.

저는 넥슨과 NHN, 두 회사에서만 10년이 넘게 회사생활을 하고 있는데... 확실히 두 회사는 분위기도 회사문화도 많이 다릅니다. 바로 옆에 건물이 위치해 있고, 비슷한 일을 하고 있고, 서로 인력교환이 많이 오간 두 회사들 간에도 이렇게 분위기가 다르다면, 대한민국의 수많은 게임회사들은 각양각색의 회사문화와 분위기를 가지고 있을 것이라는 생각이 들었습니다. 그래서 게임회사 입사 지망생 분들께 이것을 알려드리고 싶어, 많은 게임회사 분들을 만나본 기자님께 인터뷰를 요청드리게 되었습니다.

A 비단 게임업계만은 아니겠지만, 워낙에 개성이 뚜렷한 업종이다 보니 유난히 특징이 두드러지는 것 같습니다. 당시 기사에서는 게임회사마다의 느낌을 남자 스타일에 비유하게 되었는데, 기대 이상으로 업계에서 공감을 얻었던 것 같습니다.

Q 대한민국의 모든 회사의 분위기에 대해 다 여쭤볼 수는 없는 노릇이고... 소위 대형 N사로 분류되는 회사들의 분위기에 대해 먼저 알려주시면 감사하겠습니다.

A 먼저 회사 분위기는 철저하게 제3자로 주관적인 입장에서 설명하는 것을 미리 알려드립니다.

먼저 넥슨부터 시작해보겠습니다. 먼저 넥슨은 다른 회사들보다 '젊은' 느낌이 강합니다. 맥주 광고에 나올 법한 호쾌한 남성의 이미지가 떠오릅니다. 그리고 워낙 회사가 큰 탓인지, 각 부서의 팀원들끼리 단합이 잘 된다는 느낌을 받았습니다. 회사 내 카페테리아에 가면 열 몇 명이 동그랗게 모여 앉아 다같이 컵라면이 익기를 기다리며 도란도란 이야기를 하는 모습 등이 인상 깊었습니다. 또한, 나이나 경력에 관계없이 기회를 준다는 점이 인상 깊었습니다.

지난해까지는 사실 넥슨이 게임사라기보다는 '기업'이라는 느낌이 커서 아쉽기도 했는데, 올해는 대표님도 바뀌고, 정상원 개발총괄 부사장이 돌아오며 여러모로 달라지지 않을까라는 생각이 듭니다. 이전에는 앞을 보고 달려가는 〈카트라이더〉 같은 느낌이었다면, 올해는 모닥불을 피워놓고 잉여롭게 늘어져서 얘기를 하는 〈마비노기〉 같은 느낌이 듭니다.

다음은 엔씨소프트입니다. 누가 뭐래도 게임업계의 맏형인 엔씨소프트의 이미지는 회사 건물에서부터 느낄 수 있습니다. 외형은 판교에서 가장 특이하고, 내부 역시 고급스러운 백화점 같은 느낌입니다. 그래서인지 왠지 분위기도 시크하고 묵직합니다. 확실히 쉽게 범접할 수 없는 포스가 있습니다.

또한 개발 조직의 프라이드가 굉장히 강한 느낌이었습니다. 간담회나 인터뷰 등을 통해 만났던 분들을 보면, 모두들 자신이 하고 있는 일에 대해서 자부심을 가지고 있을 뿐만 아니라, 무얼 해야 하는지도 매우 잘 알고 있다는 느낌이 강합니다. 신규 프로젝트는 잘 모르겠지만, 〈리니지〉 시리즈의 개발진 중에서는 본인이 10년 넘게 유저이자 개발자인 분도 있어 전문가 포스를 풍길 수밖에 없지 않을까 생각합니다.

NHN엔터테인먼트는 N사 중에서 가장 게임사 같은 자유로운 분위기의 회사입니다. 건물 1층부터 알록달록한 책상과 소파는 물론, 거대한 캐릭터 동상이 서있기도 하고요. 회사 앞 광장에서 자유롭게 스케이트보드를 타는 사람들도 볼 수 있고, 복장도 가장 자유로운 편입니다. 종종 아빠가 퇴근하기를 기다리는 아기들도 회사라는 아무런 거부감 없이 1층 로비에서 엄마와 함께 놀고 있는 모습도 볼 수 있습니다.

자유로운 분위기 탓인지 사람들의 개성도 강한 편입니다. 거대한 아프로 파마 머리를 하고 제 앞을 지나갔던 분이나, 머리부터 발끝까지 빨간 스타일로 깔맞춤을 하신 분은 아직도 기억이 납니다. 인터뷰이 중 가장 평범한 헤어스타일을 가졌던 분은 유영욱 작가님이었습니다. 다른 분들은 스킨헤드나, 남자분이지만 어깨까지 오는 찰랑거리는 긴 생머리 등의 다양한 모습을 하고 계셨거든요.

네오위즈게임즈는 가족적인 느낌의 회사입니다. 네오위즈 출신 분들의 이야기를 들어보면 '정말 일하는 분위기가 좋았다'며 옛날을 그리워하는 분들이 많았습니다. 지금은 잘 모르겠지만 예전에는 직원의 업무 환경을 전담으로 해소해주는 서비스팀까지 있어 직원들의 복지에 대해 소소한 것까지 신경을 써주는 배려가 돋는 회사였다고 합니다. 사실 최근에는 아시다시피 분위기가 좀 뒤숭숭해서 명문대를 졸업해서 힘들게 고시 준비를 하고 있는 오빠를 보는 느낌이라 애잔하기도 합니다.

마지막은 넷마블입니다. 개인적으로 넷마블은 가장 게임사답지 않은 게임사라고 생각됩니다. 회사 분위기는 그냥 대기업을 떠올리시면 됩니다. 출근 시간에 넷마블 건물에 가면 질서정연하게 줄을 서서 엘리베이터를 기다리는 오피스 직장인들을 어렵지 않게 볼 수 있습니다. 다른 게임사와 비교해 자유로움은 덜한 편인 것 같습니다.

하지만, 업무에서의 스피드는 높은 편인 것 같습니다. 다른 기업에 비해 빠르게 모바일로 전환해 좋은 성과를 거두고 있는 점도 그렇고, 워낙에 모바일 게임이 많이 출시되기 때문에 이를 쫓아가기 위해서는 스피드가 필요하기 때문입니다. 결론적으로 게임사보다는 대형 기업에 가까워, 게임사치고는 엄격한 부분도 있지만 다양한 업무를 빠른 시간 안에 할 수 있어 지루할 틈이 없을 것이라 생각합니다.

컴투스, 게임빌 등 모바일 게임회사들의 분위기는 어떤가요?

확실히 요즘 가장 핫한 기업은 온라인보다 모바일 기업인 것 같습니다.

컴투스부터 말하자면, 퍼블리싱도 하고 있기는, 기본적으로 피처폰 시절부터 개발에 꾸준히 주력했던 탓인지 선량한 개발자의 회사라는 이미지가 강합니다. 연령대가 높을 것이라 생각했지만, 직접 방문했을 때는 생각보다 훨씬 젊은 개발자들이 많아 놀랐습니다. 워낙 모바일만 집중한 회사이기에 목표와 방향성이 굉장히 뚜렷하다는 것이 강점입니다. 그래서인지 내부에서도 개발 쪽의 프라이드가 높다고 합니다. 만나보았던 개발자분들의 경우, 굉장히 스타일은 영하지만 게임에 대한 자신감과 자부심은 굉장했다는 기억이 있습니다.

물론 퍼블리싱도 하는 만큼, 지난해부터는 사업부 중심으로 업무 프로세스를 재정비하며 사업 및 운영에 대한 감각도 쌓아가고 있습니다. 〈서머너즈워〉의 글로벌 선전을 통해서도 알 수 있듯, 컴투스는 글로벌에서도 신뢰도가 높다고 합니다. 이름만 봐도 믿고 게임하는 컴투스랄까요. 그래서 내부에서도 요즘 분위기가 훈훈하다고 합니다.

게임빌은 위치가 애매해서 굳이 자주 갈 일이 없었는데, 게임빌의 첫 인상의 느낌은 '남성적인 회사'라는 느낌이었습니다. 바로 뒷 건물이 '진로'라서 소주 생각도 나기도 하고요. 남성향 게임을 많이 만들어서 그런 것도 있지만, 제가 둘러봤던 층에서는 여성분들을 거의 못봤던 것 같습니다. 지하에 있는 회사 식당에 가보면 대표님과 직원들이 함께 찍은 재미난 사진들도 있고, 회사 야유회 같은 것에 가서 찍은 사진도 많습니다. 마치 친구들과 함께 어울려다니는 즐거운 남고(?)의 느낌이었습니다. 컴투스와 마찬가지로 워낙 글로벌에서도 이미지가 좋을 뿐만 아니라, 컴투스-게임빌 합병 이후 훈훈한 분위기가 계속 이어지고 있다고 합니다.

Q 앞에서 언급된 회사들은 모두 어느 정도의 규모를 갖추고 있는 대형 게임회사들이 었습니다. 사실 퍼블리셔들이기도 하지요. 혹시 개발만을 전문적으로 하는 개발전 문 게임회사는 퍼블리싱 회사들에 비해 분위기가 조금 다를까요?

A 개발전문 게임회사의 경우 대표님의 성향에 따라, 혹은 재력에 따라 분위기가 하늘과 땅 차이입니다. 하지만 기본적으로는 보통은 퍼블리싱 회사보다는 훨씬 자유로우며 직원들의 편안함을 추구합니다. 카본아이드게임즈(이은상대표, 전 NHN 대표)의 경우 게임 개발 회사인지 디자인 전문 회사인지 헷갈릴 정도로 깔끔하고 세련되게 꾸며놓고, 콘솔 기기도 완비해두어 자유롭게 즐길 수 있도록 했습니다.

핀콘(헬로히어로 제작, 유충길 대표)의 경우 처음에는 서현에 있는 글로벌게임허브센터에 있다가 이사를 하며 아기자기하고 화사하게 사무실을 꾸며놓았습니다.

대기업과 중소기업의 업무 강도에 대해서는 비교하기가 애매한 것 같습니다. 하는 일이 다르기 때문입니다. 직원 수가 적은 탓도 있겠지만, 개발 자체가 주요 업무이기 때문에 큰 업데이트 전이나 출시 전에는 꼬박 40시간을 깨어 있는 경우도 보았고, 주말 출근을 너무나도 자연스럽게 하기도 합니다.

하지만, 개발 자체에만 집중해 다른 걱정은 덜한 것 같습니다. 또한, 퍼블리싱 회사의 경우 덩치가 큰 경우가 많아 한 층만 달라

져도 다른 회사인 것처럼 데면데면한 경우도 많지만, 개발전문 업체의 경우 서로가 자연스레 친해져 커뮤니케이션이 훨씬 원활한 것 같습니다.

Q 혹시 이때까지 만나보셨던 회사들 중, 이 회사의 문화나 분위기는 정말 특이하고 독특했다는 곳이 있을까요?

A 정말 특이했던 업체는 스타트업 모바일 게임사 '5민랩'입니다. 평균연령 26세의 젊은 개발자들로 이루어진 5민랩은 카이스트 게임 동아리에서 게임을 만들던 박문형 대표와 친구들이 팀을 꾸려 만든 회사로 2013년 9월에 설립되었습니다.

가장 기억에 남는 이유는 고양이 두 마리(맹이, 휴)와 강아지 한 마리(쿠키)가 회사에서 뛰놀기 때문입니다. 게임인재단에서 수여하는 '힘내라 게임인상' 3회 수상작이기도 한 5민랩의 게임 〈꼬모: 냥이추적자〉가 동물을 소재로 한 게임인 것을 통해서도 알 수 있듯, 워낙에 동물을 사랑하는 분들이 있어서 가능한 일입니다. 나른한 오후에 푹신한 소파에 눌러앉아서 고양이와 강아지 사이에 둘러 싸여 개발을 하면 정말 꿈만 같을 것 같습니다(기사주소: http://gametoc.hankyung.com/news/articleView. html?idxno=19921).

Q 마지막으로 게임회사에 들어오고 싶어하는 입사지원자들에게 도움이 될만한 한마디를 부탁드립니다.

A 왠지 인터뷰이 중 제가 가장 최근까지 취업전선에 있었던 사람일 것 같아서 100% 실화인 제 이야기를 해볼까 합니다.

취업준비생 시절 지인을 통해 운좋게 N사 인사팀에 계신 분께 이력서와 자기소개서를 보여드릴 일이 있었습니다. 원래는 자기소개서 방향을 봐주시기로 했는데, 대뜸 전화가 걸려왔습니다. 드라마를 많이 본 탓인지 '어머, 내가 너무 인재라서 뽑아가려고 하나?'라는 생각도 했습니다. 그런데 그분이 저한테 하는 말이 "왜 게임회사에 들어가고 싶으세요?"라고 물었습니다. 그래서 준비했던대로 저는 게임을 정말 좋아한다는 등, 길마도 했다는 등 이야기를 했더니, "게임을 좋아하는 사람은 깔리고 깔렸어요. 하지만, 게임사가 원하는 건 게이머가 아닙니다. 이력서와 자기소개서를 보면 전혀 게임사에 취직하고 싶다는 것을 느낄 수가 없어요."라고 말하는 것이었습니다.

당시 제 이력서는 A+는 아니었지만, 그래도 B+ 정도는 된다고 생각했습니다. 서울 소재 4년제 대학교도 나왔고, 꽤 높은 토익-토스 점수도 있었고, 각종 대외활동과 봉사활동, 수상 기록, 화려한 아르바이트 경력까지 빈칸 없이 채웠기 때문입니다. 하지만, 문제는 '게임사와 관련된 그 무엇'이 없다는 것이었습니다.

당시에 그분과 통화를 하면서 엉엉 울었습니다. 지금까지 아무것도 안 하고 쓸모없이 살아왔다는 생각이 들었기 때문입니다.

그런데 생각하면 생각할수록 너무 재수가 없어서 오기가 생겼습니다. "내가 꼭 당신 회사에 들어가서 매일 옆자리에 앉아 트롤링을 할 거다"라는 각오로 급한 대로 대외활동부터 찾아봤는데, 운 좋게도 한게임에서 지스타 대학생 서포터즈를 뽑고 있었습니다.

그리고 6개월 뒤, 지스타 한게임 서포터즈의 이력서 한 줄이 지금의 한경닷컴 게임톡의 명함을 만든 결정적인 이유가 되었습니다. 나중에 입사 후 듣게 되었는데 한경닷컴 게임톡 국장님께서 저를 뽑으신 가장 큰 이유 중 하나로 "지스타 경험이 있어서 믿고 뽑았다."고 설명하셨습니다.

인정하기 싫지만 그분 말이 맞았습니다. 게이머가 아니라 게임사 직원을 꿈꾼다면 뭐든 하세요. 다만 게임과 관련이 있는 것을 하시길 추천합니다. 사제가 올려야 할 능력치는 정신력과 지능이지, 힘과 민첩성이 아니기 때문입니다!

에이콘출판의 기틀을 마련하신 故 정완재 선생님 (1935-2004)

게임회사 취업 가이드

게임회사에 들어가기 위한 완벽 공략집

초판 인쇄 │ 2014년 11월 19일
2쇄 발행 │ 2016년 8월 12일

글·그림 │ 유 영 욱

펴낸이 │ 권 성 준
편집장 │ 황 영 주
편 집 │ 오 원 영
디자인 │ 이 승 미

에이콘출판주식회사
서울특별시 양천구 국회대로 287 (목동 802-7) 2층 (07967)
전화 02-2653-7600, 팩스 02-2653-0433
www.acornpub.co.kr / editor@acornpub.co.kr

Copyright ⓒ 에이콘출판주식회사, 2014, Printed in Korea.
ISBN 978-89-6077-633-3
ISBN 978-89-6077-144-4 (세트)
http://www.acornpub.co.kr/book/game-job-guide

이 도서의 국립중앙도서관 출판시도서목록(CIP)은 서지정보유통지원시스템 홈페이지(http://seoji.nl.go.kr)와
국가자료공동목록시스템(http://www.nl.go.kr/kolisnet)에서 이용하실 수 있습니다.
(CIP제어번호: CIP2014032395)

책값은 뒤표지에 있습니다.